대입 면접이 쉬워지는

스피치 공식

대입 면접이 쉬워지는

스피치 공식

최윤정 지음

공식을 알면 대입 면접 자신감 UP!

SBS 기상캐스터 출신으로
스피치 아카데미 라엘을 운영하며
600여 명의 고3 학생들을 합격시킨
최윤정 대표의 특별한 대입 면접 전략서!

합격을
부르는 20가지
스피치 공식
★★★★★

합격한
학생들의
면접 답변 수록
★★★★★

Communication Group
LARL

작가의 말

"면접이 두려워서 면접 없는 전형으로만 지원하려고 했어요."

아마도 이 책을 읽는 학생들은 면접이 두려워서 피하고 싶다는 생각을 한 번쯤은 해봤을 것입니다. 심지어 면접이 수능보다 더 떨린다고 말하는 학생도 있었습니다. 도대체 면접이 어려운 이유는 무엇일까요?

면접에는 정답이 없고, 자신의 개인적인 이야기를 구체적으로 해야 하기 때문에 학생들이 면접을 어려워하는 것입니다. 면접은 처음 만나는 낯선 사람과 소통하는 과정이죠. 또한, 면접은 개인적인 역량과 함께 학생부와 자기소개서의 진정성을 평가받는 대입 합격의 마지막 관문이기 때문에 두렵고 떨리는 것이 당연합니다. 따라서 면접에 대한 두려움은 당연한 것이며 누구나 갖고 있는 감정이라는 사실을 인정하는 것이 중요합니다. 하지만 인정하기만 하고 아무것도 하지 않으면 변화가 일어나지 않겠죠? 두려움을 인정하고 정면으로 부딪치며 앞으로 묵묵히 걸어 나아갈 때 두려움이 서서히 자신감으로 변화되는 것입니다.

몸에 근육이 생겨야 무거운 물건을 거뜬하게 들 수 있는 것처럼 면접에서 자신감 있게 말하기 위해서는 면접 스피치 근육을 키우는 것이 필요합니다. 근육은 하루아침에 만들어지지 않겠죠? 배에 복근을 만들려면 식이요법을 해야 하고, 근력 운동을 체계적으로 꾸준히 해야 하는 것처럼 면접을 자신감 있게 잘 보기 위해서도 체계적으로 꾸준히 연습하는 것이 중요합니다.

하지만 우리나라 학생들은 좋은 대학을 가기 위해 해야 할 일들이 너무 많습니다. 치열한 입시 경쟁 속에서 고등학교 3년 내내 내신 성적을 신경 써야 하고 자율 활동, 동아리 활동, 봉사 활동, 진로 체험 활동 등 다양한 비교과 활동으로 학생부를 관리해야 합니다. 학생들이 해야 할 공부와 활동들이 너무 많습니다. 그래서 면접 준비는 뒷전으로 미루고 1단계 서류 전형에 합격한 뒤 발등에 불이 떨어져 다급하게 학원을 찾아오곤 합니다. 현장에서 학생들의 고민을 직접 들으며 안타까움을 많이 느꼈고, '많은 학생들에게 면접에 대한 부담감과 스트레스를 덜어줘야겠다'는 생각을 하면서 이 책을 쓰게 되었습니다.

면접 수업을 하면서 말하는 것을 어려워하는 다양한 학생들을 만나왔습니다. 특히, 자신이 고등학교 생활을 하며 직접 경험한 활동임에도 불구하고 "머릿 속의 생각을 정리해서 말로 풀어내는 것이 어려워요. 어떻게 이야기를 풀어나가야 할지 모르겠어요"라며 하소연하는 학생들이 많습니다. 또한, "이렇게 면접 준비를 많이 하는데 실전에서 막상 긴장해서 아무것도 생각이 안 나면 어떻게 하죠?"라고 고민도 털어놓습니다. 이러한 학생들을 보면서 '실전 면접에서 어떻게 마인드 컨트롤을 잘할 수 있을까? 어떤 면접 질문에 당황하지 않고 쉽게 답할 수 있을까?'에 대해 오랜 시간 동안 고민하며 연구를 해왔습니다.

수학 문제를 풀 때 공식이 있으면 어려운 문제도 쉽게 풀리는 것처럼 실전 면접에서 마인드 컨트롤을 하며 질문에 쉽게 답할 수 있는 스피치 공식을 만들었고, 이해를 돕기 위해 대입 면접에 합격한 학생들의 답변을 예시로 많이 활용했습니다. 하지만 이러한 내용들을 눈으로만 읽고, 머리로만 이해하는 것이 아니라 실질적인 도움을 받기 위해서는 직접 실행으로 옮기는 것이 중요합니다. 여러분들이 체계적으로 면접 준비와 연습을 할 수 있도록 실습을 넣었고, 책의 이해를 돕기 위해 스피치 아카데미 라엘 블로그에 사진과 영상을 첨부했습니다. 사진과 영상을 참고하여 꾸준히 실습한다면 면접 자신감이 쑥쑥 자랄 것입니다.

이 책이 대입 면접을 준비하는 모든 수험생들에게 실질적으로 도움을 주고 면접에 대해 용기와 자신감을 주는 든든한 실용서가 되었으면 좋겠습니다. 인생의 중요한 선택의 기로가 될 수 있는 대학 입시에서 학생부는 출중하지만 면접 때문에 좋은 점수를 받지 못해 떨어진다면 평생 후회할 수도 있겠죠?

여러분은 겨울눈이라고 생각합니다. 이 책을 읽고 유용한 대입 면접 스피치 공식을 배워서 면접을 체계적으로 준비한다면 자신만의 아름다운 인생의 꽃을 피우기 위한 따뜻한 봄날을 두려움이 아닌 설렘으로 기다릴 수 있을 것입니다. 움츠렸던 어깨를 펴고 당당하게 면접에 도전해 원하는 대학에 합격하는 기쁨을 누릴 수 있기를 소망합니다. 여러분들의 내일은 맑음입니다!

더불어 이 책이 나오기까지 응원해주고 큰 힘이 되어준 입시 동행 라엘과 스피치 아카데미 라엘 식구들, 가족들에게 진심으로 감사를 드립니다.

2022년 8월
스피치 아카데미 라엘 대표
최윤정

◀))) Contents

PART 1

면접을 이해하면
두려움이 사라진다!

PART 2

호감과 신뢰감을 주는
면접 태도 공식이 있다!

PART 3

진정성을 전달하는
면접 보이스 공식이 있다!

PART 4

대입 면접이 쉬워지는
스피치 공식이 있다!

면접을 이해하면
두려움이 사라진다!

여러분 곁에 있는 친한 친구 한 명을 떠올려 봅시다. 그 친구와 어떻게 친해졌는지 기억나시나요? 아마도 친구를 처음 봤을 때 무척 낯설고 어색했지만, 친구와 대화하며 서로를 알게 되고 마음이 편안해지면서 서서히 친해졌을 것입니다. 이렇게 낯선 것은 우리에게 두려움과 불안감을 주며, 친숙한 것은 편안함을 줍니다. 영화 〈니모를 찾아서〉 중 이런 대사가 나옵니다.

> *"눈 감지 말고 똑바로 봐.*
> *두려움의 실체는 생각과 다를 수 있어."*

면접이 두려운 것은 면접의 실체를 잘 모르기 때문이며, 면접을 준비하며 면접을 이해하고 친숙해진다면 두려움이 서서히 사라질 것입니다. 그래서 이번 PART에서는 면접에 대해 이해하면서 친숙해지려고 합니다. 무엇보다 먼저 여러분들이 면접에 대해 두려움을 없애고자 하는 열린 마음이 필요하겠죠? 모두 마음을 열었나요?

왜
대입 면접이 중요할까?

"면접 비중이 낮고 시간도 짧은데 평소 실력대로 보면 되죠"라고 말하는 학생도 있습니다. 그런데 왜 면접이 중요할까요?

2023학년도 수시와 정시 비중을 살펴보면 정시는 22%, 수시는 78%로 전년 대비 수시 비중이 2.3% 증가했습니다. 또한, 수시에서 학생부 위주의 전형이 차지하는 비중이 86.6%로 가장 큰 부분을 차지하고 있죠. 학생부 위주의 전형은 학생부 교과 전형과 학생부 종합 전형으로 나눌 수 있는데, 전체 대학에서 학생부 교과 전형이 차지하는 비중은 44.3%, 학생부 종합 전형은 23.4% 정도로 학생부 위주 전형에서 교과 전형의 선발 비중이 높지만, 수도권 소재의 대학에서는 학생부 종합 전형의 선발 비중이 더 높습니다. 특히, 학생부 종합 전형을 실시하는 대학에서는 학생의 종합적인 역량을 평가해 우수한 인재를 뽑기 위해 면접을 실시하는 학교가 많죠.

2023학년도 학생부 종합 전형에서 큰 변화는 무엇이 있을까요?

먼저 학생부와 자기소개서가 간소화되었다는 것입니다. 수상 경력의 개수는 학기당 1건, 고교 3년간 6건로 제한했고, 2024학년도에는 수상 경력을 대입에 반영하지 않기로 했습니다. 또한, 자율 동아리도 학년당 1개로 제한했고, 봉사 활동에 특기 사항 없이 실적만 기재할 수 있습니다. 독서 활동은 도서명과 저자만 기재할 수 있지만, 독서로 깊이 있는 탐구 활동을 했다면, 독후 활동을 창의적 체험 활동이나 세부 능력 및 특기 사항에 기재할 수 있습니다.

학생부 주요 항목의 변화

		2021	2022~2023	2024
교과활동		과목당 500자	과목당 500자 방과 후 활동 기재 X	과목당 500자 영재 발명 교육 실적 대입 미반영
비교과활동	자율활동	연간 500자	연간 500자	연간 500자
	동아리활동	연간 500자 청소년 단체/스포츠 클럽 활동 기재 소논문 기재 가능	연간 500자 자율 동아리 연간 1개 (30자 미만) 청소년 단체 활동은 단체명만 소논문 기재 금지	연간 500자 자율 동아리 대입 미기재 청소년 단체 활동 미기재
	봉사활동	연간 500자 실적 및 특기 사항	연간 500자 교내외 봉사 활동 실적 기재	특기 사항 미기재 개인 봉사 활동 실적 대입 미반영
	진로활동	연간 700자	연간 700자 진로 희망 분야 대입 미반영	연간 700자
	수상경력	모든 교내 수상	교내 수상 학기당 1건 3년간 6건	대입 미반영
	독서활동	도서명과 저자	도서명과 저자	대입 미반영

자기소개서의 경우 4문항에서 3문항(공통 문항 2개, 자율 문항 1개)으로 축소됐습니다.

자기소개서 변화

기존 자기소개서 양식	2022년 자기소개서
1. 고등학교 재학 기간 중 학업에 기울인 노력과 학습 경험에 대해 배우고 느낀 점을 중심으로 기술해주시기 바랍니다. (1,000자 이내) 2. 고등학교 재학 기간 중 본인이 의미를 두고 노력했던 교내 활동(3개 이내)을 통해 배우고 느낀 점을 중심으로 기술해주 시기 바랍니다. (1,500자 이내)	1. 고등학교 재학 기간 중 자신의 진로와 관련해 어떤 노력을 해왔는지 본인에게 의미 있는 학습 경험과 교내 활동을 중심으로 기술해주시길 바랍니다. (1,500자 이내)
3. 학교생활 중 배려, 나눔, 협력, 갈등 관리 등을 실천한 사례를 들고 그 과정을 통해 배우고 느낀 점을 기술해주시기 바랍니다.	2. 고등학교 재학 기간 중 타인과 공동체를 위해 노력한 경험이나 이를 통해 배운 점을 기술해주시기 바랍니다. (800자 이내)
4. 대학교 자율 문항(1,000자 ~1,500자 이내)	3. 대학교 자율 문항(800자 이내) <서울대> 고등학교 재학 기간 동안 읽었던 책 중 자신에게 가장 큰 영향을 준 책 2권을 선정하고 그 이유를 기술해주십시오. <연세대> 해당 모집 단위에 지원하게 된 동기와 지원하기 위해 노력한 과정을 구체적으로 기술하시오. <경희대> 해당 모집 단위에 지원하게 된 동기와 준비 과정에서 배운 점을 기술해주기 바랍니다. <중앙대> 추가적으로 학교생활기록부 기재 내용 중 지원자의 우수성을 보여줄 수 있는 사례에 대해 기술해주시기 바랍니다.
총 글자 수 4,500~5,000자 이내	총 글자 수 3,100자 이내

2022학년도부터 고려대, 상명대, 서강대, 한국외대, 단국대 등이 자기소개서를 폐지했고, 2024학년도에는 학생부 종합 전형에서 자기소개서가 폐지될 예정입니다. 혹시 여러분은 자기소개서 폐지로 부담감이 사라져서 기쁜가요? 하지만 이는 학생부에서 드러나지 않은 학생의 장점

을 설명할 수 있는 기회가 사라지는 것이라 말할 수 있습니다. 또한, 대학의 입장에서는 학생들을 평가할 자료가 많이 부족하게 되겠죠. 그럼 어떻게 학생들을 공정하게 평가해 대학이 원하는 우수한 인재를 선발할 수 있을까요?

학생부 기재 내용에 있어 양보다 질이 중요해졌기 때문에 자신의 고교 3년간 열심히 꿈을 위해 노력했다는 것이 드러날 수 있게 교과 성적 등급을 더 잘 받을 수 있도록 노력해야 하고, 비교과 활동을 다양하게 하는 것보다 진로와 연계해 체계적이고 깊이 있는 활동을 하는 것이 좋습니다. 또한, 면접을 보는 대학에 지원한다면 면접에 더욱 신경을 많이 써야 합니다. 물론 상위권 대학을 기준으로 면접의 비중이 대부분 30~40% 정도이기 때문에 대입 면접이 합격을 좌지우지하는 결정적인 요소라고 단정 지어 말할 수 없습니다.

보통 수시 전형은 단계별로 진행되는데, 1차 서류를 기반으로 2~5배수의 학생들을 뽑고, 2차 면접 전형이 진행됩니다.
또한, 1차와 2차 점수를 합산해서 평가하는 경우와 2차에서 1차 점수 반영 없이 선발하는 경우가 있는데, 합산해서 평가하는 경우가 더 많습니다.

'도토리 키 재기'란 말이 있죠? 도토리는 크기가 고만고만하기 때문에 별 차이가 없다는 뜻입니다. 상위권 대학에서는 도토리 키 재기처럼 학생부 내용이 고만고만한 학생들이 많기 때문에 면접이 우수한 학생을 선발하는 중요한 평가 요소가 될 수 있음을 간과해서는 안 됩니다. 4차 산업혁명의 시대에 어떤 분야에서든 자신의 지식과 생각을 말로 잘 표현하는 것이 중요한 역량이기 때문이죠.

또한, 학생부와 면접은 관점이 다릅니다. 학생부는 교사의 관점에서 학생을 바라보는 것이고, 면접은 대학에서 원하는 인재를 선발하기 위해 대학의 관점에서 학생을 보는 것입니다. 면접은 학생부와 자기소개서에서 드러나 있지 않은 학생의 인성, 가치관, 잠재 능력 등 다양한 역량을 볼 수 있는 기회가 되기 때문에 대학에서 우수한 학생들을 선발하기 위해 면접을 시행합니다. 즉, 면접이란 고교 3년간 열심히 관리해온 학생부를 바탕으로 학생의 강점을 드러내고 약점을 보완해 합격의 가능성을 높이는 과정인 것입니다.

학생부와 자기소개서가 간소화되면서, 2023학년도에는 면접을 시행하고 면접 비중을 높이는 대학이 늘고 있습니다. 예를 들면, 서울대는 단계별 전형을 시행해 2단계에서 면접 30%를 반영하며, 서울여대는 SW 융합인재 전형에서 2단계 면접 반영 비율을 40%에서 50%로 늘렸습니다. 또한, 학생부 종합 전형을 서류로만 평가하는 서류형과 서류와 면접을 보는 면접형으로 나누어 선발하는 대학이 늘고 있습니다. 예를 들면, 숙명여대의 경우, 숙명인재 Ⅰ 에서는 서류 100%, 숙명인재 Ⅱ 에서는 2단계 면접이 40%를 차지합니다.

특히, 학생부 종합 전형에서 면접이 차지하는 비중이 큰 학교도 있습니다. 예를 들면, 평택대 PTU 종합 전형 2단계에서 면접 100%, 한양대 에리카 조기취업형 계약학과 2단계 전형에는 기업체 면접이 90%로 면접의 비중이 큽니다. 또한, 성결대의 SKU 창의적 인재 전형에서는 2단계 면접이 60%, 협성대의 협성 창의 인재 전형에서는 2단계 면접이 70% 반영됩니다. 이렇게 면접의 비중이 높은 대학교에 지원한다면 면접이 합격을 결정짓는 중요한 요소이기 때문에 더욱 준비를 많이 해야겠죠?

실습) 여러분이 지원하는 전형에서 면접 비중이 얼마나 되나요?

02

대입 면접의 유형에는
어떤 것이 있을까?

　수시 전형에서 면접을 실시하는 대학마다 면접의 유형과 평가 방식이 각각 다릅니다. 그래서 각 대학별로 면접의 유형과 방식을 제대로 파악하는 것이 중요합니다. 면접의 유형과 방식을 제대로 파악하는 것은 다른 지원자들보다 앞선 출발점에서 달리는 것과 같습니다. 또, 여러분이 정해진 목적지를 향해 갈 때, 지름길을 알고 있으면 길을 찾기가 수월하지만, 길에 대한 정보가 전혀 없다면 한참을 헤매게 됩니다. 마찬가지로 대입 면접에서도 면접의 유형과 방식을 제대로 파악해야 합격할 가능성이 높아집니다.

　면접의 유형과 방식은 학교 홈페이지나 인터넷 검색을 통해 정보를 얻을 수 있고, 신설된 전형이라 정보가 없다면 지원하는 대학의 입학처에 직접 문의하면 됩니다. 코로나19로 인해 지난 2년간 일부 대학에서는 업로드 방식의 비대면 면접을 시행하기도 했지만, 2023학년도에는 대부분 대학이 대면 면접으로 전환했습니다. 물론 코로나 상황이 변수가 될 수도 있는 만큼 학교 홈페이지에 자주 접속해 꼼꼼히 확인해야겠죠? 그럼 면접에는 어떤 유형이 있는지 자세히 살펴볼까요?

1) 면접 인원에 따른 면접 유형

① 개별 면접

개별 면접은 대학에서 가장 많이 실시하는 면접 방식으로 2인 이상의 면접관 앞에서 지원자 1명이 10분 안팎으로 면접을 보는 방식입니다. 지원자의 역량을 평가하기 위해 다양한 질문들이 주어지는데, 짧게 단답형으로 답변하는 것보다 1분 이내로 직간접 경험 스토리를 활용해 구체적으로 답변하는 것이 좋습니다.

② 집단 면접

집단 면접은 보통 3~6명 정도의 지원자가 한 곳에 들어가 면접을 보는 방식입니다. 공통 질문에 지원자가 순서대로 답하는 방식과 지원자마다 다른 개별 질문이 주어지는 방식이 있는데 전자의 경우가 더 많습니다. 공통 질문에 손을 들고 적극적으로 말하는 것이 좋고, 면접관은 학생의 경청하는 태도도 평가하기 때문에 다른 지원자가 말을 할 때 귀를 기울이는 것이 중요합니다. 인원이 많기 때문에 혼자 1분 이상 길게 말하는 것을 피해야 하며, 30~40초 정도로 간단명료하게 답하는 것이 좋습니다. 또한, 다른 지원자와 답변이 비교되기 때문에 차별화된 경험을 살려 본인의 개성이 잘 드러나도록 답하는 것이 좋습니다. 한편 지원자의 답변 내용에 대한 꼬리 질문이 있을 수 있기 때문에 면접관의 말에 집중해야 합니다. 토론을 하는 경우, 자신의 의견을 간결하고 논리적으로 말해 설득해야 하는데 이때 상대방의 말을 비난하거나 몰아붙이는 것은 감점의 요소가 될 수 있으니 주의해야 합니다.

2) 면접 문제 유형에 따른 면접 유형

면접 문제의 유형에 따라 학생부, 자소서를 바탕으로 한 서류 기반 면접과 주어진 지문을 바탕으로 문제에 답하는 제시문 면접으로 나눌 수 있습니다.

① 서류 기반 면접

서류 기반 면접에서는 학생부, 자기소개서를 바탕으로 주로 지원 동기, 학업 계획, 진로 등을 묻기 때문에 학생부와 자기소개서를 자세히 읽어본 뒤, 예상 질문을 만들어본 뒤 답변을 연습해보는 것이 좋습니다. 특히, 답변할 때는 스토리를 활용하는 것이 중요하기 때문에 고교 3년 동안 인상깊었던 활동을 동기, 과정, 결과, 영향, 배우고 깨달은 점 순으로 요약해서 키워드로 정리해놓으면 면접을 준비하는데 큰 도움이 됩니다. 면접의 가장 많은 부분을 차지하는 것이 서류 기반 면접이기 때문에 이 책에서는 서류 기반 면접의 단계별 준비 방법과 답변하는 요령에 대해 중점적으로 다룰 것입니다.

② 제시문 면접

제시문 면접은 흔히 '말로 하는 논술'이라고 말합니다. 제시문을 준 뒤, 답변을 생각할 시간을 주고 면접이 진행되는 방식으로 학생의 학업 역량과 전공 적합성을 평가합니다. 인문 계열은 폭넓은 인문학적 소양을 묻는 제시문이 출제되기 때문에 단기간에 준비하기 어렵습니다. 그래서 평소 시사 이슈나 사회적 쟁점에 대해 자신의 주장을 정리해서 말하는 습관을 갖는 것이 좋습니다. 특히, 전공 관련 교과 내용이나 시사 이슈를 찾고 조사해서 질문을 만들어 답변하는 연습을 하는 것이 큰 도움이 됩니다. 이때 핵심을 파악해 자신의 주장과 이를 뒷받침할 수 있는 설득력 있는 근거를 제시해 말하는 것이 중요합니다. 또한, 평소에 모의고사 국어 제시문이나 기출 제시문, 신문 사설을 읽고 난 뒤 요약해서 말하는 연습을 해보는 것이 좋습니다. 각 제시문의 주장을 꼼꼼히 분석한 뒤, 어떤 주장을 했는지 요약해보고, 구체적인 근거를 찾아 주장에 대한 반론을 제기하고 정리하는 습관을 갖는다면 제시문 면접을 준비하는 데 큰 도움이 될 것입니다.

자연 계열은 미적분, 벡터, 수열, 극한 등 수학이나 과학 교과 관련 문제 풀이와 개념을 적용해 설명하는 제시문이 출제됩니다. '교과의 기본 개념과 원리를 잘 이해하는가?', '다양한 각도에서 문제를 풀이하고 논리적으로 분석할 수 있는가?' 등을 평가해 학생의 논리적 사고력, 창의성, 문제 해결 능력을 판단합니다. 그래서 평소에서 수학, 과학의 개념과 문제 풀이 과정을 말로 설명해보는 연습을 많이 해보는 것이 좋습니다. 특히, 멘토링이나 교육 봉사 활동을 통해 아는 지식을 말로 설명하며 도움을 준다면, 보람도 느끼고 면접 실전 연습도 되는 일석이조의 효과를 볼 수 있겠죠?

제시문 면접에서는 문제 풀이 과정을 논리적이고 합리적으로 설명하는 것이 중요하기 때문에 '왜 그렇게 생각했지?', '제기될 수 있는 반대 입장은 무엇일까?', '반대 입장을 어떻게 설득할 수 있을까?'를 스스로 질문하며 답하는 연습을 꾸준히 해야 합니다. 또한, 실전 면접에서 완벽한 답을 적다 보면 시간이 오래 걸리기 때문에 키워드를 적고 이것을 연결해 자연스럽게 말하는 연습을 하는 것이 큰 도움이 됩니다.

제시문 면접의 경우 각 대학의 홈페이지에 기출 문제가 공개되어 있기 때문에 이를 활용해 실전에 대비하는 것이 필요합니다. 매년 대학별로 발표하는 선행학습영향평가보고서를 참고하는 것도 좋습니다. 이 보고서에는 대학별 고사에서 고등학교 교육 과정의 범위와 수준을 고려했는지, 출제 의도와 근거, 채점 기준, 예시 답안 등이 자세히 나와 있기 때문에 이것을 꼼꼼히 살펴본다면 면접을 준비하고 감을 잡는 데 유용할 것입니다. 또한, 대학 기출 문제로 한 가지 문제를 깊이 있게 파고들며 다양한 답변을 생각해 말하는 연습을 하는 것이 좋습니다.

실습) 여러분이 지원하는 전형의 면접은 어떤 유형인가요?

03

학생부 종합 전형의
평가 요소는 무엇일까?

　학생부 종합 전형의 평가 기준이 대학별로 각각 달라서 학부모와 수험생은 무척 혼란스러워합니다. 이것을 개선하기 위해 2017년에 서울의 6개 대학(건국대, 경희대, 서울여대, 연세대, 중앙대, 한국 외대)이 대입 전형 표준화 방안에 대한 공동 연구를 실시해 학생부 종합 전형의 평가 요소를 학업 역량, 전공 적합성, 인성, 발전 가능성 등 4가지의 평가 요소로 나누고 15개 평가 항목을 만들었습니다. 하지만 학생부 기재 사항의 축소, 추천서와 자기소개서 폐지, 고교 학점제 등 입시 환경의 변화로 올해 5개 대학교(건국대, 경희대, 연세대, 중앙대, 한국외대)가 공동으로 NEW 학생부 종합 전형 공통 평가 요소 및 평가 항목을 발표했습니다.

　크게 바뀐 점을 살펴보면, 평가 요소가 이전에는 학업 역량, 전공 적합성, 발전 가능성, 인성 4개였지만, 학업 역량과 진로 역량, 공동체 역량 3개 항목으로 줄었습니다. 발전 가능성이 다른 요소와 겹치는 부분이 많아 다른 요소의 세부 평가 내용에 포함했으며, 전공 적합성이 학생들에게 전공에 맞춘 활동을 해야 한다는 인식을 심어줘 다양한 활동과 경험을 하는 데 제약이 있다는 문제점을 개선하기 위해 진로 역량으로 명칭을 변경했다고 합니다. 또, 인성은 교육적인 의미가 크지만, 추상적이라 평가가 어렵고 서류 간소화로 평가 내용이 줄어든 점을 고려해 개인적 특성보다 공동체 관계에 초점을 둔 공동체 역량으로 명칭을 변경했다고 합니다.

평가요소 및 평가항목 개선안

현행			개선안	
평가요소	평가항목	▷▷	평가요소	평가항목
학업역량	학업성취도		학업역량	학업성취도
	학업 태도와 학업 의지			학업 태도
	탐구활동			탐구력
전공적합성	전공 관련 교과목 이수 및 성취도		진로역량	전공(계열) 관련 교과 이수 노력
	전공에 대한 관심과 이해			전공(계열) 관련 교과 이수 성취도
	전공 관련 활동과 경험			진로 탐색 활동과 경험
인성	협업 능력		공통체역량	협업과 소통 능력
	나눔과 배려			
	소통 능력			
	도덕성			나눔과 배려
	성실성			
발전가능성	자기주도성			성실성과 규칙준수
	경험의 다양성			
	리더십			리더십
	창의적 문제 해결 능력			

1) 학업 역량

학업 역량은 고교 교육 과정에서 이수한 교과의 성취 수준이나 학업 발전의 정도로 학업 성취도, 학업 태도, 탐구력으로 구분했습니다.

대학 교육을 충실히 이수하는 데 필요한 수학 능력

학업 성취도	
정의	고교 교육 과정에서 이수한 교과의 성취 수준이나 학업 발전의 정도
세부 평가 내용	* 대학 수학에 필요한 기본 교과목(예: 국어, 수학, 영어, 사회/과학 등)의 교과 성적은 적절한가? 그 외 교과목(예: 예술·체육, 기술·가정/정보, 제2외국어/한문, 교양 등)의 교과 성적은 어느 정도인가? 유난히 소홀한 과목이 있는가? * 학기별/학년별 성적의 추이는 어떠한가?

학업 역량에서 긍정적인 평가를 받기 위해 무엇보다 내신 성적이 골고루 좋아야 하겠죠? 하지만 성적의 변화, 전공 관련 과목과 노력, 전공 관련 과목과 타 과목과의 차이 등 여러 가지 요소를 종합적으로 평가하는 정성 평가이기 때문에 낮은 성적이 나왔더라도 성적이 점점 올랐다거나 비교과 활동을 열심히 했다는 것으로도 긍정적으로 평가받을 수 있습니다. 또한, 성적으로 학업 역량을 증명하기에 부족하다면, 자기소개서와 면접에서 전공과 관련된 심화 활동에 대해 열정적으로 노력한 점을 강조하는 것이 좋습니다.

학업 태도	
정의	학업을 수행하고 학습해 나가려는 의지와 노력
세부 평가 내용	* 성취 동기와 목표 의식을 가지고 자발적으로 학습하려는 의지가 있는가? * 새로운 지식을 획득하기 위해 자기주도적으로 노력하고 있는가? * 교과 수업에 적극적으로 참여해 수업 내용을 이해하려는 태도와 열정이 있는가?

면접에서 학업 태도와 관련해 좋은 평가를 받기 위해서는 교과 수업에 적극적으로 참여해 스스로 지식을 탐구하고 이해하려고 했던 경험, 교내에서 열리는 대회에 자발적으로 참여해 노력한 경험, 창의적 체험 활동에 능동적으로 배우는 자세를 가졌던 경험을 동기, 과정, 결과, 배우고 깨달은 점 순으로 스토리를 구체적으로 말하는 것이 중요합니다. 또한, 전공 관련 독서 활동으로 지적 호기심을 넓히기 위해 노력했던 경험을 말하면 좋습니다.

탐구력	
정의	지적 호기심을 바탕으로 사물과 현상에 대해 탐구하고, 문제를 해결하려는 노력
세부 평가 내용	* 교과와 각종 탐구 활동 등을 통해 지식을 확장하려고 노력하고 있는가? * 교과와 각종 탐구 활동에서 구체적인 성과를 보이고 있는가? * 교내 활동에서 학문에 대한 열의와 지적 관심이 드러나고 있는가?

탐구력은 고차원적 학업 역량을 보여주는 필수적인 요소로 독서 활동, 연구, 실험, 교내 대회, 토론 등 다양한 학습 경험을 통해 보여줄 수 있습니다. 그래서 교과 수업 시간에 배운 것을 심화시켜 자발적으로 깊이 있는 지식을 얻기 위해 노력했다는 것을 드러내야 긍정적인 평가를 받을 수 있습니다.

2) 진로 역량

진로 역량은 전공(계열) 관련 교과 이수 노력과 전공(계열) 관련 교과 성취도, 진로 탐색 활동과 경험으로 나눴습니다. 즉, 지원자가 전공(계열)

분야에 관련된 전문적이고 깊이 있는 지식을 얼마나 많이 쌓았는지 보는 것이 아니라 얼마나 전공(계열) 분야에 관심을 갖고 탐색하고 노력했는지 평가한다는 것입니다. 진로 역량은 현재 학업 역량보다는 학생의 전공(계열) 분야에 대한 적성, 잠재력, 성장 가능성에 중점을 둔 평가 요소라 할 수 있습니다. 이미 명확한 진로 설계가 되어 있고, 이와 관련된 적극적인 비교과 활동이 많으면 좋겠죠?

자신의 진로와 전공(계열)에 관한 탐색 노력과 준비 정도

	전공(계열) 관련 교과 이수 노력
정의	고교 교육 과정에서 전공(계열)에 필요한 과목을 선택하여 이수한 정도
세부 평가 내용	* 전공(계열)과 관련된 과목을 적절하게 선택하고, 이수한 과목은 얼마나 되는가? * 전공(계열)과 관련된 과목을 이수하기 위해 추가적인 노력을 하였는가? 　(예: 공동교육과정, 온라인수업, 소인수과목 등) * 선택과목(일반/진로)은 교과목 학습단계(위계)에 따라 이수하였는가?
	전공(계열) 관련 교과 성취도
정의	고교 교육 과정에서 전공(계열)에 필요한 과목을 수강하고 취득한 학업 성취 수준
세부 평가 내용	* 전공(계열)과 관련된 과목의 석차등급/성취도, 원점수, 평균, 표준편차, 이수단위, 수강자수, 　성취도별 분포비율 등을 종합적으로 고려한 성취 수준은 적절한가? * 전공(계열)과 관련된 동일 교과 내 일반선택과목 대비 진로선택과목의 성취 수준은 어떠한 　가?
	진로 탐색 활동과 경험
정의	자신의 진로를 탐색하는 과정에서 이루어진 활동이나 경험 및 노력 정도
세부 평가 내용	* 자신의 관심 분야나 흥미와 관련한 다양한 활동에 참여하여 노력한 경험이 있는가? * 교과 활동이나 창의적 체험활동에서 전공(계열)에 대한 관심을 가지고 탐색한 경험이 있는 　가?

고교 교육 과정에서 전공(계열)과 관련된 과목을 이수한다면 좋은 평가를 받을 수 있지만, 학생이 다니는 고등학교에 전공(계열)과 관련된 과목이 개설되어 있지 않다면 어떻게 해야 할까요? 이때 온라인 공동 교육

과정을 자발적으로 선택해 열심히 수강했다고 말한다면 진로 역량을 드러낼 수 있겠죠?

학생은 전공(계열)에 대한 흥미와 관심을 갖고 활동한 경험이 전공(계열)과 연관성을 갖고 있고, 그 경험이 전공(계열) 분야를 이해하는 데 어떤 도움이 됐는지 논리적으로 설득하는 것이 중요합니다.

또, 창의적 체험 활동(자율 활동, 동아리 활동, 봉사 활동, 진로 활동)뿐 아니라 세부 능력 및 특기 사항, 수상 경력 등으로도 진로 역량을 드러낼 수 있습니다.

3) 공동체 역량

공동체 역량은 협업과 소통 능력, 나눔과 배려, 성실성과 규칙준수, 리더십 항목으로 나눴습니다.

공동체의 일원으로서 갖춰야 할 바람직한 사고와 행동

협업과 소통 능력	
정의	공동체의 목표를 달성하기 위해 협력하며, 구성원들과 합리적인 의사소통을 할 수 있는 능력
세부 평가 내용	* 단체 활동 과정에서 서로 돕고 함께 행동하는 모습이 보이는가? * 구성원들과 협력을 통하여 공동의 과제를 수행하고 완성한 경험이 있는가? * 타인의 의견에 공감하고 수용하는 태도를 보이며, 자신의 정보와 생각을 잘 전달하는가?

"리더를 맡았던 경험이 없는데 협업 능력을 어떻게 드러내야 하나요?"

많은 학생들이 제게 이런 질문을 합니다. 리더를 맡지 않았더라도 동아리 활동, 봉사 활동, 팀 프로젝트 활동 등을 통해 함께 문제를 해결하고, 갈등을 중재하며, 공동의 과제를 달성한 경험을 통해서 협업 능력을 보여줄 수 있습니다.

　소통을 잘한다는 것은 무엇일까요? 단순히 말을 조리 있게 논리적으로 잘하는 것이 아니라 경청하고 공감하는 열린 태도를 갖고 소통하는 것이 중요합니다. 토론 활동을 말할 때, "이러한 참신한 의견을 내어 반박하기도 했습니다"라고 자신의 논리성과 비판적 사고력을 강조하는 학생들이 많은데, 경청하고 공감하는 열린 태도로 반론을 수용해 자신의 부족한 점을 깨닫고 많이 배운 경험을 토대로 말한다면 소통 능력이 뛰어난 학생이라는 더 좋은 평가를 받을 수 있겠죠?

나눔과 배려	
정의	상대방을 존중하고 이해하여 원만한 관계를 형성하며, 타인을 위하여 기꺼이 나누어 주고자 하는 태도와 행동
세부 평가 내용	* 학교생활 속에서 나눔을 실천하고 생활화한 경험이 있는가? * 타인을 위하여 양보하거나 배려를 실천한 구체적 경험이 있는가? * 상대를 이해하고 존중하는 노력을 기울이고 있는가?

　학생들이 나눔과 배려를 강조하기 위해 봉사 활동을 많이 언급합니다. 만약 봉사 활동을 언급한다면, 봉사 활동 시간이 많다는 것을 강조하기보다 한 곳에 꾸준히 진정성을 갖고 봉사 활동을 했던 경험을 드러내는 것이 좋습니다. 진정성을 보여주기 위해서는 동기와 과정, 배운 점과 깨달은 점을 구체적으로 설명하는 것이 좋습니다.

성실성과 규칙준수	
정의	책임감을 바탕으로 자신의 의무를 다하고, 공동체의 기본 윤리와 원칙을 준수하는 태도
세부 평가 내용	* 교내 활동에서 자신이 맡은 역할에 최선을 다하려고 노력한 경험이 있는가? * 자신이 속한 공동체가 정한 규칙과 규정을 준수하고 있는가?

성실과 규칙 준수에서 좋은 평가를 받기 위해서는 전공(계열) 분야에 대해 지속적으로 탐구하고 노력해왔던 경험과 어려운 상황에서도 일관된 모습으로 최선을 다했던 경험을 강조하는 것이 좋습니다. 혹은 자신의 관심 분야를 지속해서 탐구하고 노력해왔던 것을 증명한다면 성실성에서 좋은 평가를 받을 수 있습니다.

리더십	
정의	공동체의 목표 달성을 위해 구성원들의 상호작용을 이끌어가는 능력
세부 평가 내용	* 공동체의 목표를 달성하기 위해 계획하고 실행을 주도한 경험이 있는가? * 구성원들의 인정과 신뢰를 바탕으로 참여를 이끌어내고 조율한 경험이 있는가?

'리더십' 하면 학생들이 임원으로 많은 학생들을 이끄는 능력이라고 생각합니다. 하지만 표준안에 따르면 리더십을 '공동체의 목표 달성을 위해 구성원들의 상호작용을 이끌어가는 능력'이라 정의하고 있기 때문에 임원 경험이 없다 하더라도 수업이나 창의적 체험 활동 중 상호작용으로 협동과 화합에 기여한 경험을 통해서도 학생의 리더십을 보여줄 수 있습니다. 요즘은 앞에서 이끄는 '카리스마형 리더십'보다 '소통형 리더십'을 중요하게 생각하기 때문에 많은 학생들과 소통으로 갈등을 중

재해 화합을 이끌었던 경험을 말한다면 좋은 평가를 받을 수 있을 것입니다.

　지금까지 바뀐 학생부 종합 전형 평가 표준안에 대해 살펴보았습니다. 이 항목을 토대로 꼼꼼히 자신을 되돌아보며 평가를 해본다면 부족한 점이 무엇인지 알 수 있을 것입니다. 학생부 기록이 완료되지 않은 시점이라면 위의 평가 항목을 활용해 자신에게 부족한 점이 무엇인지 알고 보완하기 위해 노력하고, 학생부 기록이 완료된 시점이라면 자기소개서와 면접으로 학생부의 단점과 부족한 부분을 보완해 나가는 고민과 노력을 해야 합니다. 단점을 파악했다면 그 단점을 극복하기 위해 노력해 온 스토리나 단점을 극복하기 위해 입학 후 어떤 노력을 기울이겠다는 포부를 자기소개서와 면접에서 강조하는 것이 좋습니다. 이렇게 학생부를 꼼꼼히 분석해서 자신의 장단점을 객관화시켜 명확하게 아는 것이 면접을 잘 볼 수 있는 비결입니다.

실습) **학생부 종합 전형 평가 요소를 바탕으로 자신의 학생부를 보면서 장단점을 분석하고, 그렇게 생각한 이유를 적어보세요. 부족한 점을 보완하기 위해 어떤 노력을 하고 있나요? 입학 후 어떤 노력을 할 것인가요?**

04

대입 면접은
어떻게 준비할까?

1) 면접 기출·예상 문제 찾아보기

대입 면접은 수능 전과 수능 후에 보는 학교로 나눌 수 있습니다. 면접 일정이 겹치지 않는지, 하루에 두 곳의 면접 응시가 가능한지, 시간대를 변경해서 선택할 수 있는지 여부를 꼼꼼히 확인해봐야 합니다. 그렇지 않으면 가고 싶은 학교가 겹쳐서 몇 개의 대학을 포기해야 하는 어려운 선택의 기로에 놓일 수도 있습니다. 제가 지도한 학생 중에 면접 준비를 열심히 했는데 세 곳의 대학 면접이 겹쳐서 한 곳만 선택해야 하는 난감한 상황으로 고민했던 학생이 있었습니다. 또한, 면접 일정에 따라 경쟁률과 합격선이 달라지기 때문에 미리 사전에 면접 일정을 꼼꼼히 확인하고, 신중하게 지원을 해야 합니다.

2023학년도 수능은 11월 17일에 치러질 예정이죠? 2023학년도의 경우 11월 26일에 면접을 가장 많이 봅니다. 올해 면접은 코로나로 변수가 있기는 하지만, 대부분 대면 면접으로 전환된 만큼 면접 일정이 겹치지 않도록 꼼꼼히 확인해야 합니다. 또한, 같은 대학이라도 전형 및 계열별로 면접 일정이 다르므로 주의가 필요합니다.

2023 수도권 일부 대학 면접 일정

월	일	대학 및 전형
10	15	연세대(추천형)
	16	연세대(추천형)
	22	가천대(가천바람개비), 명지대(학생부교과 - 교과면접), 성균관대(학과모집)
	23	가천대(가천바람개비), 명지대(학생부교과 - 교과면접)
	29	가천대(가천바람개비), 이화여대(고교추천)
	30	가천대(가천바람개비), 이화여대(고교추천), 한국외대(학생부종합 - 면접형/SW 인재)
11	4	가톨릭대(잠재능력우수자전형)
	5	광운대(광운참빛인재, 소프트웨어융합)
	6	광운대(광운참빛인재, 소프트웨어융합)
	12	고려대(일반전형 - 계열적합형), 상명대(상명인재)
	13	고려대(일반전형 - 계열적합형), 상명대(상명인재)
	19	가천대(지역균형), 성신여대(자기주도인재), 세종대(창의인재 - 면접형), 아주대(SW 융합인재), 연세대(활동우수형), 인하대(인하미래인재)
	20	가천대(지역균형), 덕성여대(덕성인재II), 성신여대(자기주도인재), 세종대(창의인재 - 면접형), 아주대(ACE), 연세대(활동우수), 인하대(인하미래인재)
	21	가천대(지역균형)
	25	서울대(일반)
	26	가톨릭대(지역균형), 경기대(KGU 학생부종합), 고려대(일반전형 - 학업우수형), 국민대(국민프런티어), 단국대(죽전)(SW 인재), 명지대(명지인재면접), 서울과기대(학교생활우수자/첨단인재), 서울대(일반), 서울시립대(학생부종합전형I), 숙명여대(숙명인재II - 면접형), 숭실대(SSU 미래인재), 아주대(ACE 전형), 연세대(국제형)
	27	경기대(SW 우수자/KGU 학생부종합), 고려대(일반전형 - 학업우수형/학업우수형 - 사이버국방), 국민대(국민프런티어), 명지대(명지인재면접), 서울시립대(학생부종합전형I), 숙명여대(숙명인재II - 면접형), 아주대(ACE)
12	1	가천대(가천의약학)

12	2	가천대(가천의약학), 서울대(지역균형)
	3	가톨릭대(학교장추천), 건국대(KU 자기추천), 경희대(네오르네상스), 서울대(지역균형), 서울여대(바름인재면접/SW 융합인재), 숭실대(SW 우수자), 중앙대(다빈치인재)
	4	가톨릭대(잠재능력우수자전형), 건국대(KU 자기추천), 경희대(네오르네상스)
	8	가천대(가천의약학)
	10	동국대(DoDream/DoDream(소프트웨어))
	11	동국대(DoDream/DoDream(소프트웨어))
	12	아주대(ACE)

1차 서류 전형 합격 후 면접을 보는 학교가 많은데, 1차 서류 전형 합격 통보를 받은 후 면접을 보기까지 시간적 여유가 많지 않습니다. '합격, 불합격 여부를 아직 모르는데 1차 발표 나면 그때부터 준비하지'라고 안일하게 생각하지 말고, 면접을 미리 준비하는 것이 중요합니다. 무엇이든 잘하기 위해서는 부단히 노력하고 연습하는 과정이 필요합니다.

학교에서 선생님께서 "시험에 꼭 나오니 별표 5개"라고 말씀하신 적이 있을 것입니다. 수업 시간에 잘 들었던 학생이라면 중요한 부분을 잘 체크해놓았을 것이고, 그 문제가 시험에 출제됐을 때 맞춰서 좋은 결과를 얻을 수 있겠죠? 또한, 선생님께서 문제를 출제하는 스타일이 있기 때문에 각 과목 선생님께서 출제하셨던 기출 시험 문제를 풀다 보면 어떤 유형의 문제가 나올지 예측할 수 있어 학습의 방향성을 잡는 데 큰 도움이 될 수 있습니다. 면접도 마찬가지로 각 학교의 면접 유형과 기출 문제를 파악해야 면접을 준비하는 데 방향성을 잡을 수 있습니다.

각 대학의 면접 유형과 방식, 기출 문제를 찾는 몇 가지 방법을 알려드리면, 대학교 홈페이지, 네이버 카페, 블로그, 유튜브 등 인터넷 검색을 통해 찾아볼 수 있고요. 교육청에서 발행하는 면접 후기집, 시중에서 판매되는 면접 기출 문항 자료집을 참고하는 방법도 있습니다. 또, 이 책의 뒷면에 대학별 기출 문제가 수록되어 있으니 유용하게 활용하시기 바랍니다.

'목마른 사슴이 우물을 판다'라는 말이 있죠? 여러분들이 가고 싶은 대학을 결정했다면 간절함을 갖고 대학의 면접 유형과 방식, 기출 문제, 선배들의 면접 후기 등을 샅샅이 찾아보세요!

실습) **지원 대학의 면접 일정은 어떻게 되나요? 다양한 검색을 통해 지원 대학의 면접 후기와 기출·예상 문제를 꼼꼼히 찾아볼까요?**

2) 학생부·자기소개서 예상 질문 찾아보기

대학 홈페이지나 인터넷 검색을 통해 대학의 기출 및 예상 문제를 찾았다면 그다음으로 어떤 것을 찾아봐야 할까요? 바로 학생부와 자기소개서를 기반으로 한 질문입니다. 인성 면접은 1차 서류 전형에서 제출한 학생부와 자기소개서를 기반으로 이뤄지는 면접이 많기 때문에 면접관은 학생마다 다른 질문을 던집니다. 그래서 학생들은 학생부와 자기소개서 두 가지를 꼼꼼히 읽어보고, 내용을 외울 정도로 완벽히 숙지해야 하며, 이것을 토대로 예상 질문을 생각해봐야 합니다. 또한, 학생부에 기재되어 있는 모든 내용에 대해 어떤 질문에도 자신있게 답할 수 있도록 철저히 준비해야 합니다.

 학생부는 교사의 관점에서 자기소개서는 학생의 관점에서 쓴 것이기 때문에 면접관은 이 두 가지 서류를 보고 '과연 이것이 사실인가?', '학생은 무엇을 깨달았을까?', '왜 이것을 했을까?' 등 궁금한 점이 많이 생길 것입니다. 하지만 학생은 학생부의 내용을 이미 알고 있고, 자기소개서는 학생의 관점에서 썼기 때문에 면접관이 어떤 질문을 할지 예측하기 힘들 것입니다. 사람마다 관점이 다르기 때문에 학생 스스로 학생부와 자기소개서를 바탕으로 객관적인 질문을 하기가 쉽지 않을 것입니다. 그래서 혼자서 예상 질문을 찾는 것보다 선생님과 친구, 가족 등 여러 사람에게 학생부와 자기소개서를 보여준 뒤 궁금한 점이 무엇인지 질문을 해달라고 요청하는 것이 좋습니다. 또, 친구들과 모의 면접을 많이 해보면서, 다양한 질문을 받고 답변해보는 것도 좋은 방법입니다. 질문을 할 때 학생부나 자기소개서에 나와 있지 않은 구체적인 정보를 묻는 질문, 학생의 감정, 생각, 깨달음, 학생에게 미친 영향 등을 육하원칙(누가, 언제, 어디서, 무엇을, 어떻게, 왜)을 활용해 질문하면 좋습니다.

 질문이 어려운 학생들을 위해, 예시를 통해 실전 연습을 한번 해보겠습니다. 다음은 A라는 학생 학생부의 일부분입니다. 여러분이 면접관이 되어 다음 학생에게 질문해보세요!

학교에서 모의국회 행사를 적극적으로 기획하고 준비하며 행사의 준비 과정을 투명하게 공개하고 여러 급우들에게 알리는 모습이 보기 좋았음. 실제 사례와 논리적 근거들을 토대로 성숙한 토론 문화를 보여줌.

....

....

....

....

....

....

....

....

....

....

(질문 예시)

Q. 모의국회 행사를 왜 기획했나요?

Q. 모의국회 행사를 어떻게 기획하고 준비했나요?

Q. 준비 과정을 급우들에게 어떻게 공개하고 알렸나요?

Q. 모의국회 행사를 준비하며 힘든 것은 없나요?

　어려움을 어떻게 극복했나요?

Q. 모의국회 행사의 과정은 어땠나요?

Q. 어떤 사례와 근거를 제시했나요?

Q. 모의국회 행사를 통해 배운 것은 무엇인가요?

Q. 성숙한 토론 문화의 조건은 무엇이라 생각하나요?

Q. 우리나라에 성숙한 토론 문화가 자리 잡으려면,
　 어떻게 해야 할까요?

예시 2) 자기소개서

방송부 활동을 통해서는 리더의 가장 중요한 자질은 소통이란 것을 배웠습니다. 저는 고등학교 3년 내내 PD의 꿈을 갖고 방송부에서 활동했습니다.

방송부가 가장 바쁠 때는 매년 11월 축제를 앞둔 시기입니다. 축제를 앞두고 3학년 때 방송부에서는 동아리 소개 영상 제작을 맡았습니다. 저희는 재미있는 영상 제작을 말씀드렸지만, 선생님께서는 객관적인 정보 전달에 중점을 두라고 하시며 반대하셨습니다.

또한, 2학년 선배들이 힘들게 해 방송부를 그만둔다는 1학년 후배들의 말을 들을 때 많이 속상했습니다.

(질문 예시)

Q. 왜 PD를 꿈꿨나요?

Q. 리더십이 무엇이라 생각하나요?

Q. 리더의 자질로 왜 소통이 중요하다고 생각하나요?

Q. 방송부에서는 어떤 활동을 했나요?

Q. 축제 때 어떤 동아리 소개 영상을 제작했나요?

Q. 방송부에서 언제 가장 큰 보람을 느꼈나요? 무엇을 배웠나요?

Q. 1학년과 2학년과의 갈등이 왜 벌어졌고,

    그 갈등을 어떻게 해결했나요?

Q. 대학에 입학해서도 방송부 활동을 할 계획인가요?

실습) 자신의 학생부와 자기소개서를 꼼꼼히 읽어보고, 예상 질문을 만들어보세요.

3) 학교, 학과 정보 찾기

대학에서 많이 묻는 질문 중에 "다른 학교에도 같은 과가 있는데 왜 우리 학교에 지원했나요?", "다른 학교는 어디 지원했나요?" 등이 있습니다. 이 질문에 답변을 잘하기 위해서는 학교에 대한 정보를 많이 알고 있어야 합니다.

잘 모르는 A라는 친구가 여러분에 대한 정보를 많이 알고 있다고 가정해봅시다. "내 친구 A가 있는데, 너에 대해 많이 알더라. 좋아하는 이

상형, 음식, 영화, 색깔, 취미를 잘 알고 있던데." 여러분이 친구로부터 이 말을 들었다면 어떤 생각이 드나요? 보통 누군가 나에 대한 정보를 많이 알고 있다면 관심이 있다는 것이기 때문에 호감이 생기며 어떤 사람인지 한번 만나보고 싶다는 생각이 들 것입니다. 마찬가지로 대학의 면접관도 학생이 학교에 대한 정보를 많이 알고 있다면, 학생에 대한 호감이 생겨 다시 만나고 싶다는 생각이 들겠죠? 면접관은 학교의 최신 이슈에 대해 구체적으로 많이 알고 있는 학생을 보며 '우리 학교에 오고 싶은 마음이 간절한 학생이구나! 열정적인 학생이구나!'라는 생각을 하며 좋은 평가를 할 것입니다. 이때 학생이 누구나 다 아는 정보가 아니라 다른 지원자가 잘 모르는 학교 관련 정보를 말하면 면접관에게 깊은 인상을 줄 수 있겠죠?

어린 시절 보물찾기를 해본 적 있으시죠? 보물찾기를 할 때 설렘을 느꼈을 것이고, 보물을 찾았을 때 기쁘고 행복했을 것입니다. 그때처럼 합격의 기쁨을 생각하며, 설렘으로 지원 대학의 정보를 찾아보세요.

학교에 대한 정보를 찾으려면 학교에 대해 철저히 조사하고 분석해야 합니다. 학생들이 학교 홈페이지에 들어가서 검색할 때, 학교 소개, 인재상, 지원학과 홈페이지로 들어가 관심 있는 것만 대충 훑어보는 경우가 많습니다. 정말 들어가고 싶은 학교인데 대충 살펴보면 남들과 다른 정보를 얻을 수 있을까요? 보물찾기하듯이 학교 홈페이지의 모든 메뉴를 샅샅이 살펴봐야 합니다. 학교의 차별화된 특색을 찾았다면 노트에 잘 정리해서 기록해놓으세요.

또한, 학교 홈페이지뿐만 아니라 인터넷으로 지원 학교와 학과를 검색하면 관련된 최신 뉴스에 대한 보물 같은 정보를 많이 알 수 있습니다. 최신 뉴스들을 보면서, 학교와 학과가 어떤 부분에 중점을 두고 있는지 어떤 이슈가 있었는지 자세히 알 수 있습니다. 예를 들면, 학과 교수님의 논문과 수상 소식, 총장님 혹은 학과 교수님의 칼럼과 인터뷰, 협약 관련 소식, 연구팀의 수상 소식, 학교 행사, 지역 사회 봉사 활동, 동아리 활동 등을 찾을 수 있습니다.

요즘 대학별로 유튜브 채널이나 블로그, SNS를 운영하고 있고 대학에서 발행하는 잡지나 신문이 있는 경우가 많기에 구독이나 팔로우를 통해 지속적으로 다양한 학교 관련 최신 소식들을 빠르게 전해 들을 수 있습니다. 소식을 전해 들을 수 있는 채널도 많아졌고, 학교에 다니는 선배나 교수님께 직접 궁금한 것에 대해 문의할 수는 통로도 많기 때문에 마음만 있으면 더 많은 정보를 수집할 수 있겠죠?

혹시 여러분이 가고 싶은 대학교에 방문해보셨나요? 가고 싶은 대학교를 미리 찾아가서 교통편도 알아보고, 시간도 얼마나 걸리는지 미리 조사해보고, 캠퍼스도 구석구석 둘러본다면 직접 경험의 스토리가 생깁니다. 이 스토리를 활용해 면접에서 대학에 들어오고 싶은 간절함을 더 드러낼 수 있고, 여러분도 목표 의식이 생겨 더 열심히 공부할 수 있지 않을까요? 나중에 면접에서 여러분이 "학교 와보니 어때요?"라는 질문을 받았다고 가정해봅시다. 만약 사전에 학교를 방문한 경험이 있다면 "이 학교에 너무 오고 싶어서 여름 방학 때 학교를 사전에 방문한 경험이 있습니다. 목표를 설정하고 동기 부여를 위해 학교 사진을 찍어 책상 위에 붙여놓고 공부했습니다. 이 사진을 바라보며 이 학교에 다니고 있는 제 미래의 모습을 구체적으로 상상했는데 이것이 공부로 지치고 힘들 때, 피로 회복제가 됐습니다"라고 말한다면 면접관에게 깊은 인상을 남길 수 있을 것입니다.

이렇게 학교 정보를 수집해 따로 정리해놓은 다음, 다른 대학과 어떤 차별화된 특징이 있는지 분석해 다른 대학이 아닌 이 학교에 꼭 들어가고 싶은 특별한 이유를 찾아보세요!

실습) 지원하는 학교와 학과에 대한 어떤 정보를 찾았나요? 다양한 매체를 활용해 구체적인 정보를 찾아봅시다!

4) 전공 관련 지식 쌓기

만약 학생이 심리학과에 지원한다고 가정해봅시다. 면접관은 심리학에 대해 얼마나 관심이 있고 알고 있는지 궁금하기 때문에 전공 관련 질문을 던질 것입니다. 예를 들면, "심리학이란 무엇인가요?", "심리학과를 나와서 어디로 진출할 수 있는지 알고 있나요?", "심리학에 어떤 세분화된 분야가 있는지 알고 있나요?", "심리학자 중 알고 있는 인물이 있나요?"라는 질문을 할 수 있겠죠. 이런 전공 관련 질문을 통해 면접관들은 학생의 전공에 대한 지적 호기심과 열정을 파악할 수 있습니다. 그래서 전공과 관련된 지식을 쌓는 것이 필요합니다.

전공에 대한 지식들을 가장 쉽게 접근할 수 있는 것이 바로 전공 관련 책입니다. 서점에 가보면 학생들이 이해하기 쉽게 전공에 대해 설명하는 책들도 많고, 꿈을 먼저 이룬 선배들이 경험담을 쓴 에세이도 있습니다. 이런 책들을 먼저 읽는다면, 전공 분야에 대해 자세히 알 수 있고, 구체적인 꿈과 계획들을 세우는 데 도움이 될 것입니다. 면접이 코앞에 닥쳐서 전공 관련 분야에 대한 지식을 쌓기에는 시간이 부족하기 때문에 미리 책을 많이 읽어두는 것이 좋습니다. 또한, 학생부 독서 활동란에 전공 관련 독서 활동이 많다면 면접 답변을 할 때 스토리도 훨씬 풍성해집니다.

전공 관련 지식을 쌓을 수 있는 방법으로 책 이외에 어떤 것들이 있을까요? 학생의 직접 경험에는 한계가 있으니 간접 경험을 활용하는 방법이 있습니다. 다큐멘터리, TV 프로그램, 영화, 뉴스 기사 등을 통해 정보를 얻을 수 있겠죠. 이를 통해 새롭게 알게 된 지식이나 느낀 점을 평소에 잘 정리하는 습관을 갖는다면, 나중에 면접을 준비할 때 큰 도움이 됩니다. 과거의 자료들을 활용해 면접 때 답변하려 하면, 그 내용이 너무 오래되어 잘 생각나지 않을 수도 있습니다. 그래서 과거에 보았던 자료의 내용을 요약하고 생각과 깨달음을 덧붙여 기록해놓는 게 좋습니다. 독서 일지뿐 아니라 인상 깊게 본 자료들을 스크랩하고 기록한 전공 노트를 따로 만들어둔다면 더욱 좋겠죠?

실습) **전공 관련 지식을 책, 다큐멘터리, TV 프로그램, 영화, 뉴스 기사 등 간접 경험을 활용해 찾아볼까요?**

5) 시사 상식 쌓기

면접관은 학생이 세상에 대해 얼마나 관심이 있는지 알아보기 위해 시사 상식과 관련된 질문을 던집니다. 성공한 사람들은 대부분 현재의 트렌드와 직면한 국내외 문제에 대해 철저히 분석해 미래를 예측하고 대비합니다. 면접관은 현재 국내외 상황은 어떠한지, 우리가 직면한 문제점이 무엇인지 관심을 갖고 알고 있는 학생이 그것을 해결하기 위해 적극적으로 노력할 것이라 추측합니다. 또한, 시사 상식 질문을 통해 면접관은 학생의 지적 호기심과 가치관, 인성을 비롯해 비판적 사고력, 창의력, 논리력, 문제 해결 능력 등을 다면적으로 파악할 수 있습니다. 그래서 전공 관련 상식뿐 아니라 폭넓은 시사 상식에 대해 알아야 합니다.

음식을 먹을 때, 좋아하지 않는 음식인데 몸에 좋으니 빨리 먹으라고 해서 급하게 먹는다면 어떨까요? 아마도 내키지 않는 음식을 억지로 먹어서 속이 더부룩하고 답답할 것이고, 체해서 건강을 해칠 수도 있습니다. 시사 상식도 여러분들이 좋아하지 않은 음식에 비유할 수 있습니다. 건강에 좋은 음식인 시사 상식들을 평소에 꼭꼭 씹어서 잘 소화시킨다면 영양분이 되어서 생각이 자라고, 다양한 능력을 길러 면접 때 준비한 것을 잘 활용할 수 있을 것입니다.

반면, 시사 상식들을 면접을 바로 앞두고 준비한다면 내키지 않는 음식을 억지로 빨리 먹는 것처럼 힘들고 고통스러울 것입니다. 그래서 평소에 시사 상식에 관심을 갖고 생각하는 습관을 갖는 것이 무척 중요합니다. 신문이나 인터넷 뉴스 기사를 읽고 스크랩한 뒤, 자신의 생각을 정리해두는 습관을 갖는 것도 좋고, 정기 시사 상식 잡지를 구독하는 방법도 있습니다. 혼자서 시사 상식에 대해 공부하기 어렵다면 학교 친구들과 함께 시사 상식 스터디 동아리를 만드는 것도 좋겠죠?

실습) **시사 상식 노트를 만들어 최신 이슈들을 정리해볼까요?**

PART 2

호감과 신뢰감을 주는
면접 태도 공식이 있다!

면접을 두려워하는 학생들은 '왜 면접을 보지? 안 보면 안 되나?'라고 생각하며, 피하고 싶을 것입니다. 면접을 보는 이유는 미리 제출한 학생부와 자소서의 서류로만 학생들을 제대로 평가할 수 없기 때문입니다.

　자신의 속마음을 친구에게 표현하고 싶은데, 편지를 쓰는 것과 직접 만나서 하는 것 어떤 것이 더 효과적일까요? 편지는 누군가 대신 써줬을 수도 있고, 글의 길이에 제약이 있기에 솔직한 마음을 다 표현할 수 없습니다. 하지만 직접 만나 마음을 전하면 그 사람이 말하지 않아도 눈빛과 표정만으로도 상대방의 마음을 느낄 수 있습니다. 소통에서 가장 큰 영향력을 끼치는 것이 바로 눈빛, 표정 같은 시각적 요소입니다. 우리말에 백문이 불여일견(百聞以 不如一見), '백 번 듣는 것보다 한 번 보는 게 낫다'라는 속담이 있죠?

　면접관들도 학생들을 직접 만나서 보면, 얼마나 열정과 가능성이 있는지, 학교에 적합한 학생인지 알 수 있습니다. 또한, 서류의 내용이 맞는지, 허위로 작성되지 않았는지, 자신이 직접 작성했는지 등 진정성을 평가할 수 있습니다.

　여러분은 첫인상에서 가장 많은 영향력을 끼치는 것은 무엇이라 생각하시나요? 커뮤니케이션 이론 중 미국의 심리학과 명예 교수인 앨버트

메라비언이 발표한 메라비언 법칙이란 것이 있습니다. 이 법칙은 사람의 첫인상을 결정짓는 데 시각적 요소가 55%, 청각적 요소가 38%, 내용이 7% 정도 차지한다는 것입니다. 커뮤니케이션의 시각적 요소로는 외모, 복장, 자세, 표정, 제스처, 눈맞춤 등이 있고, 청각적 요소는 목소리, 내용적 요소는 말의 내용을 뜻합니다.

만약 여러분이 면접에서 말을 할 때 불안해서 눈동자가 위아래로 산만하게 움직인다면? 긴장돼서 표정이 경직되어 있다면? 말하면서 입과 코 주변을 계속 만진다면? 여러분들의 말에 진정성이 느껴지지 않고 전달도 잘 안 되겠죠? 그래서 면접에서 진정성을 잘 전달하며 호감과 신뢰감을 얻기 위해서는 시각적 요소에 신경을 써야 합니다.

면접에서 좋은 평가를 받기 위해 시각적 요소의 어떤 점을 더 신경 써야 할지 면접 태도 공식에 대해 하나씩 알아볼까요?

면접 때
어떤 옷을 입어야 할까?

첫인상을 결정짓는 중요한 요소 중 하나가 바로 면접 복장입니다. 이전에는 교복을 입기도 했지만, 요즘에는 블라인드 면접이기에 출신 고교가 드러나는 교복 착용을 금지하고 있습니다.

무엇보다 고려해야 할 점은 여러분들이 보기에 예뻐 보이는 옷이 아니라 면접관들이 좋아하는 학생답고 단정한 느낌이 나는 옷을 입어야 한다는 점입니다. 치마 길이는 무릎을 살짝 덮는 정도가 좋고, 옷은 너무 딱 달라붙지 않고 약간 넉넉한 여유가 있는 옷이 좋습니다.

남색, 베이지, 검정색 면바지나 무릎을 살짝 덮는 길이의 스커트를 입고 위에는 흰색 셔츠나 블라우스를 입어주는 것이 가장 무난합니다. 의상에 구김이 있다면 미리 잘 다려주고, 의상 소재가 얇아서 속살이 비치지 않는지 확인해야 합니다. 학생들이 "청바지, 후드티, 맨투맨 티셔츠를 입어도 되나요?"라고 많이 물어봅니다. 입으면 안 된다는 규정은 없지만, 이런 옷들은 일상적으로 많이 입는 캐주얼 의상이기 때문에 면접에서는 격식을 갖춰 입은 셔츠나 블라우스, 면바지나 스커트를 입는 것이 성의 있어 보이겠죠? 셔츠 위에 V넥 조끼나 카디건을 입으면 교복처럼 단정한 느낌을 줄 수 있고, 신발은 깔끔한 느낌의 스니커즈나 운동화, 단화를 신는 것이 좋습니다.

면접 하루 전날 무슨 옷을 입어야 할지 몰라서 급하게 쇼핑을 하는 학생이 있는데, 면접 하루 전에 챙길 게 많고 컨디션 조절도 잘해야 하기 때문에 면접에서 입을 옷은 꼭 미리 준비하는 게 좋습니다.

헤어 스타일도 첫인상에 영향을 미치기 때문에 신경을 써야 합니다. 남학생은 너무 머리가 길지 않은지 확인하고, 일주일 전에 미리 머리를 자르고 손질해놓는 것이 좋습니다. 간혹 면접 전날 머리를 자르는 경우가 있는데, 머리가 어색하고 어울리지 않을 수도 있습니다. 왁스나 젤로 머리를 고정하는 학생들도 있는데, 너무 많이 바르면 학생다운 느낌을 반감시킬 수 있기 때문에 잔머리를 고정시키는 정도로 조금만 발라주는 것이 좋습니다.

"머리를 풀면 얼굴이 작아 보이는데, 이게 낫지 않을까요?"라고 여자학생들이 묻곤 하는데, 머리를 풀면 인사할 때 얼굴을 가릴 수 있고 뒤로 머리를 묶는 것이 단정한 느낌을 줍니다. 가르마에 따라 인상도 달라질 수 있는데, 가르마는 5:5보다는 3:7, 6:4 정도가 더 단정한 느낌이 들고, (가르마를 탈 때는 가는 빗의 뒷부분을 사용하면 좋아요.) 윗머리의 볼륨이 있으면 더 생기 있어 보입니다. 볼륨을 만들려면 윗머리를 절반 정도 올린

다음, 가는 빗을 활용해 5번 정도 쓸어내려 주는 것을 반복하면 볼륨이 자연스럽게 삽니다. 가르마가 자연스럽게 느껴지기 위해서는 면접 일주일 전부터 미리 가르마를 타고 익숙해지는 게 좋습니다.

머리가 여러분들에게 익숙하지 않으면 자꾸 신경 쓰이고 거슬려서 면접에 집중하기도 힘들 것입니다. 잔머리가 많다면 무광택의 스프레이를 가는 빗에 뿌린 다음 빗으로 빗거나 검은 실핀이나 똑딱핀으로 잔머리를 정돈해주는 게 좋습니다. 밝게 염색한 머리나 파마머리는 학생다운 느낌을 반감시키기 때문에 피하는 것이 좋겠죠?

손톱의 청결 상태도 확인해보아야 합니다. 손톱이 길지 않은지, 매니큐어를 발랐다면 지워야 합니다. 귀걸이, 목걸이, 팔찌 등 액세서리도 착용하지 않는 것이 단정해보입니다. 요즘 화장하는 학생들이 많은데, 진한 색조 화장은 면접에서는 좋지 않은 인상을 줄 수 있습니다. 립스틱은 바르지 않는 것이 좋지만, 입술 색깔이 너무 옅어 아파 보인다면 생기 있어 보이는 립밤이나 옅은 틴트를 살짝 바르는 것이 좋습니다. 화장은 하지 않는 것이 좋지만, 만약 피부에 홍조가 심하거나 다크서클이 심한 경우, 창백해서 아파 보이는 경우라면 이것을 커버할 수 있는 BB크림을 살짝 발라 톤을 보정하는 것이 좋습니다.

실습) 면접 때 입고 갈 의상을 미리 코디해볼까요?

아래의 면접 외모, 복장 체크 리스트를 활용해 호감과 신뢰감을 줄 수 있는 첫인상을 만들어봅시다!

면접 외모, 복장 체크 리스트

항목	체크 사항	확인
외모	잔머리가 지저분하지 않나요?	
	앞머리가 눈을 가리지 않나요?	
	가르마가 비뚤지는 않나요?	
	머리에 젤, 왁스를 너무 많이 바르지 않았나요?	
	스프레이를 너무 많이 뿌리지 않았나요?	
	피부에 각질이 일어나지 않았나요?	
	얼굴에 묻은 것은 없나요?	
	치아에 무언가 끼지 않았나요?	
	눈곱은 끼지 않았나요?	
	코털이 밖으로 나오지 않았나요?	
	수염이 길지 않나요?	
	입술이 터서 갈라지거나 각질이 생기지 않았나요?	
	선크림이나 BB크림이 뭉치지 않았나요?	
	목과 얼굴의 경계가 생기지 않았나요?	
	손톱이 길지 않나요?	
	손톱과 손은 깨끗해보이나요?	
	매니큐어를 바르지 않았나요?	
	귀걸이, 팔찌, 목걸이, 반지 등 액세서리를 착용하지 않았나요?	
복장	옷은 구겨지지 않았나요?	
	옷에 얼룩이 있거나 묻은 것은 없나요?	
	의상 소재가 얇아서 속살이 비치지 않나요?	
	지퍼나 옷에 뜯어진 부분은 없나요?	
	실밥이 보이는 부분은 없나요?	
	단추에 떨어진 부분은 없나요?	
	옷이 너무 꽉 끼지 않나요?	
	치마가 너무 달라붙진 않나요?	
	스타킹에 올이 나가지 않았나요?	
	예비 스타킹은 하나 더 챙겼나요?	
	신발은 지저분하지 않나요?	

02

면접에서
어떻게 인사할까?

처음 면접관과 얼굴을 대면하는 첫인사는 호감을 결정짓는 중요한 요소입니다. 특히, 예로부터 동방예의지국이라 불리는 우리나라에서는 인사를 잘하면, "예의 바르고 착하네"라는 말을 들을 정도로 인사를 중요하게 여깁니다. 면접 인사에도 면접관의 호감을 얻으려면 인사 예절을 올바르게 알아야 합니다.

면접관 앞으로 걸어나갈 때 고개를 숙이는 것, 어깨와 등을 구부리고 걷는 것, 신발을 끌거나 보폭을 좁게 하는 것은 소극적이고 자신감 없는 태도이기 때문에 부정적인 인상을 줄 수 있습니다. 그래서 고개를 들어 정면을 똑바로 응시하고 어깨와 등을 곧게 편 뒤, 손은 앞뒤로 자연스럽게 움직이며 신발을 끄는 소리가 나지 않게 걷는 것이 좋습니다.

면접관 앞에 섰을 때 긴장해서 바로 고개를 숙여 인사하는 학생도 많습니다. 하지만 인사에서 중요한 것은 눈맞춤입니다. 마음속으로 하나, 둘, 셋을 센 뒤, 심호흡으로 마음을 안정시킨 다음 미소를 띤 얼굴로 면접관과 눈맞춤을 먼저 하는 것이 좋습니다.

다음 공수 자세로 인사를 하는데, 여자는 오른손을 위로 올리고 남자는 왼손을 위로 올려 손을 포갭니다. 이때 양손 엄지를 서로 교차시켜 끼는 것이 편안해보입니다. 손은 배꼽에서 5cm 정도 아래로 떨어진 부분에 두 손을 올리고, 겨드랑이를 띄웁니다.

인사는 너무 빠르지 않게 2초 정도 90도 허리를 숙여 인사하고, 2초 정도 고개를 들며 인사하는 것이 좋습니다. "안녕하세요?"라는 말과 함께 고개를 숙이지 말고, 고개 숙여 인사를 한 뒤에 정면으로 눈맞춤을 하며, "안녕하세요?"라고 인사를 하는 것이 좋습니다.

이때, 바로 고개를 들자마자 "안녕하세요?"라고 인사하는 것보다 면접관과 눈을 맞춘 뒤, 2초 정도 쉬고 "안녕하세요?"라고 여유 있게 말하는 것이 좋습니다.

인사는 상대방과 소통하고자 하는 교감의 표현이기 때문에 눈을 마주보고 인사해야 호감을 줄 수 있습니다.

인사하는 자세가 첫인상에 영향을 미칠 수 있으니 신경 써야겠죠? 하지만 면접에서 긴장하면 머릿속이 하얗게 변해 아무것도 생각나지 않을 수 있습니다. 그래서 일상생활 속에서 이 자세를 활용해 인사하는 것을 습관으로 만든다면 자연스럽고 익숙해질 것입니다.

실습) 면접 인사를 연습해볼까요?

03

면접 자세는
어떻게 해야 할까?

면접 시 몸의 자세도 첫인상에 영향을 미칩니다. 만약 면접에 임할 때, 학생이 고개를 숙이고 어깨를 구부리고 손을 만지작거린다면 면접관은 어떻게 생각할까요? 자신감이 없고 소극적인 학생이라 생각할 것입니다. 또한, 고개를 흔들거나 다리를 흔들면 산만하고 예의 없는 학생으로 보입니다. 그렇다면 면접관에서 호감을 주기 위해 어떤 자세를 취해야 할까요?

가끔 서서 면접을 보는 경우도 있지만, 대부분 앉아서 면접을 봅니다. 앉을 때도 몸을 펴는 것이 중요한데, 허리를 앞으로 밀면서 펴주면 어깨와 가슴도 함께 펴집니다. 어깨는 한쪽이 너무 내려가지 않도록 하고, 엉덩이는 의자에 걸치지 말고 깊숙이 넣어 앉습니다. 또한, 고개를 들어 정면을 보고, 몸은 살짝 면접관을 향해 살짝 기울여주는 게 좋습니다. 몸을 기울이는 것이 경청하는 자세의 기본입니다.

손 위치는 계란 하나를 쥐었다 생각하며, 손을 오므려 모아 준 다음 무릎 10cm 위 허벅지 쪽에 가볍게 올려주면 됩니다. 남학생은 다리를 11자로 어깨너비보다 조금 넓게 벌리고, 여학생의 경우 치마를 입었다면 무릎과 종아리를 가지런히 모아 붙이는 게 좋습니다.

보통 5~10분 안팎 정도 면접을 보는데, 이러한 자세로 계속 말하는 것이 어색할 것입니다. 앉은 자세가 첫인상을 결정짓는 중요한 요소가 될 수 있기 때문에 평소에 앉은 자세에 좀 더 신경을 쓰는 게 좋겠죠? 특히, 앉아있을 때, 호감을 주는 올바른 자세를 취하고 있는지 비디오 촬영으로 찍어보고 모니터링하는 것도 자세 교정에 큰 도움이 될 것입니다.

많은 학생들이 영상을 찍고 모니터링하는 것이 쑥쓰러워 보지 않으려 합니다. 하지만 모의 면접을 통해 자신의 모습을 객관적으로 바라보려고 노력해야 문제점을 발견할 수 있고, 고칠 수도 있습니다. 만약 학생의 자세가 좋지 않다면 면접관은 학생의 자세가 눈에 거슬려 말하는 내용을 귀담아듣지 않을 수도 있습니다. 그래서 모의 면접을 할 때 영상으로 촬영해 자세가 올바른지 살펴보고 좋지 않은 자세를 찾아 고치는 게 좋습니다. 무엇보다 평소에 올바르게 앉은 자세를 습관으로 만들면 좋겠죠?

【 면접 자세 : 주의할 점 】
1. 등, 어깨를 펴고 앉는다.
2. 엉덩이를 깊숙이 의자 안쪽으로 집어넣는다.

3. 허리를 앞으로 밀어 곧게 펴준다.

4. 몸은 살짝 앞으로 기울인다.

5. 손은 계란 하나를 쥔 것처럼 오므려 모아준 다음 무릎 10cm 위 허벅지에 손을 가볍게 올린다.

6. 다리를 11자로 어깨보다 약간 넓은 크기로 벌려준다. 치마를 입은 경우에는 무릎과 종아리를 붙인다.

7. 고개를 들고 정면을 바라본다.

실습) **모의 면접을 영상으로 촬영해보기 좋은 올바른 자세인지 모니터링해 봅시다!**

04

표정은
어떻게 해야 할까?

면접에서 어떤 표정으로 말해야 좋을까요? 얼굴 표정은 진정성을 전달하는 데 중요한 역할을 합니다. 만약 힘들어하는 친구를 위로하는 상황에서 웃으면서 "괜찮아, 잘 될 거야"라고 말한다면, 친구는 '내가 이렇게 힘든데, 너는 별거 아닌 것처럼 느껴지지? 내 마음을 아무도 몰라줘'라고 생각할 것입니다. 또한, 친구가 상을 받아 기쁜 상황에서 무표정으로 "축하해, 잘됐다"라고 말한다면, 친구는 '내가 상을 받아서 배가 아픈가 보지? 질투하나 보네'라고 생각할 수도 있습니다. 감정이 얼굴 표정에 제대로 드러나지 않으면, 의도와 다르게 상대방이 오해할 수 있습니다. 자신의 감정을 다양한 표정으로 표현하는 친구는 교우 관계가 좋은 학생일 가능성이 높습니다.

예를 들면, 힘들어하는 친구에게 그 힘든 친구의 표정을 함께 지어주는 것이 더 위로가 될 수 있고, 기뻐하는 친구에게 환하게 웃는 얼굴의 표정을 함께 지어주면 진심으로 축하한다고 느낄 것입니다. 얼굴의 표정을 통해 그 사람의 진정성을 느낄 수 있습니다.

면접에서는 웃는 얼굴이 좋지만, 계속 웃는다면 진중하지 못한 학생으로 보일 수도 있습니다. 힘든 이야기를 할 때 웃으면서 힘들다고 말하거나 행복했던 이야기를 하는데 무표정으로 말한다면 진심이 느껴지지 않습니다. 면접에서 표정은 무조건 웃는 것이 아니라 내용에 맞게 표정이 달라져야 합니다. 즉, 말의 내용에 어울리는 표정으로 말해야 진정성 있게 들립니다.

그런데 다양한 표정을 짓는 것이 어려운 학생들이 많습니다. 사람의 얼굴에 수십 개의 근육이 있는데, 이 근육으로 수천 가지의 다양한 표정을 만들 수 있습니다. 표정을 짓지 않으면 근육이 퇴화하기 때문에 표정을 짓는 것이 어렵게 느껴질 수 있습니다. 평소에 잘 웃지 않는데 계속 웃으려고 하면 얼굴 근육이 경련이 일어난 것처럼 떨릴 것입니다. 얼굴의 근육들을 다양한 표정으로 움직여야 딱딱하게 굳어 있는 얼굴 근육이 부드럽고 자연스럽게 움직이기 때문에 꾸준한 연습이 필요합니다.

굳어진 얼굴 근육을 자연스럽게 만들기 위해 웃는 표정을 연습해볼까요? 웃는 얼굴 표정을 만들기 위해 눈은 반달 모양이 되고, 입꼬리는 올라가고, 광대는 올라가야 하는데, 억지로 표정을 만든다면 부자연스러울 것입니다.

이때 자연스럽게 웃는 표정을 지으려면 어떻게 해야 할까요? 웃음에도 진짜 웃음과 가짜 웃음이 있습니다. 진짜 웃을 때는 눈가에 자연스럽게 주름이 지고, 광대가 올라갑니다. 진짜 웃음 짓는 얼굴 표정을 지으려면 마음이 즐거워야겠죠? 원하는 대학에 합격해서 즐겁게 학교에 다니고 있는 모습 등 바라는 꿈이 이뤄졌을 때의 모습, 좋아하는 사람, 물건, 동물, 웃긴 장면 등을 떠올려 본다면, 자연스럽게 웃음이 나올 것입니다. 진짜 웃음을 만들기 위해 아래의 마음 준비 운동과 얼굴 근육 운동을 매일 꾸준히 연습해보세요!

【 마음 준비 운동 】

1. 가장 행복했던 경험을 떠올려보자.

2. 웃긴 장면을 떠올려보자.

3. 가장 좋아하는 사람/물건/동물을 떠올려보자.

4. 원하는 꿈을 이뤘을 때의 모습을 상상해보자.

【 얼굴 근육 운동 】– 거울을 보고 매일 꾸준히 연습하자.

1. 손가락 세 개를 세로로 넣어 '아' 하고 최대한 입을 크게 벌려보자. 10초간 유지한다.

2. 입술을 최대한 가로로 벌려 '이' 하고 소리를 내어 보자. 이때 윗니, 아랫니가 다 보이도록 하고 입꼬리가 살짝 올라가게 한다. (10초 유지)

3. 양손 검지손가락으로 왼쪽 오른쪽의 눈꼬리를 아래로 내리고, 양손 엄지손가락으로 입꼬리를 위로 올려준다. (이때, 윗니 치아의 8개가 보이도록 한다.) 볼을 꼬집는 것처럼 잡아주며, 10초간 유지한다.

그다음 손만 떼고 얼굴의 표정을 10초간 유지한다.

4. 뒷말에 'ㅣ' 모음이 들어간 끝나는 말을 10개 적어놓고 연습해보자.

  이때 끝 모음을 발음한 뒤, 마지막 입 모양을 10초간 유지한다.

  예) 개구리, 뒷다리, 오리, 김치, 참치, 기린, 서울시, 태극기, 다리미, 가랑비

【 입꼬리 올리고 밝게 웃으면서 말하기 】

안녕하세요? 감사합니다.

저는 열정과 가능성이 있습니다.

이곳에 꼭 입학하고 싶습니다.

제 강점은 강한 추진력입니다.

리더로서 가장 중요한 역량은 소통 능력이라 생각합니다.

'웃으면 복이 온다'라는 속담이 있습니다. 2001년 미국의 리안 하커 박사와 대처 켈트너 박사는 웃음과 행복의 연관성에 대해 조사를 했습니다. 30년 전 대학교 졸업 앨범의 여자 학생들을 분석했는데, 눈가의 주름이 지며 진짜 웃음을 짓고 있는 학생들이 삶의 행복 지수가 더 높았다고 합니다. 행복해서 웃는 게 아니라 실제로 웃으면 행복해질 수 있습니다. 여러분도 많이 웃으려고 노력하면 호감을 주는 좋은 첫인상을 갖게 되고 행복 지수도 쑥쑥 올라갈 것입니다.

실습) **모의 면접 영상을 찍어서 내용에 어울리는 다양한 표정으로 말하고 있는지 모니터링해봅시다!**

05

눈맞춤은
어떻게 해야 할까?

　면접의 시각적인 요소 중 가장 중요하고 어려워하는 것이 바로 눈맞춤입니다. 눈맞춤은 상대방과 소통하고자 하는 적극적인 노력과 자신감을 보여줍니다. 프랑스 파리 대학교와 핀란드 탐페레 대학교 공동 연구팀의 조사에 따르면, 두 사람이 눈을 마주 보며 이야기할 때 정보가 자신에게 중요한 정보라고 인식하며 정보 기억력이 높아진다고 합니다. 눈맞춤이 설득에 큰 영향을 미치기 때문에 면접에서 간과해서는 안 될 중요한 요소라는 것입니다.

　'눈은 마음의 창'이라는 말이 있듯이 눈을 통해 마음의 심리 상태를 느낄 수 있습니다. 눈맞춤을 제대로 하지 못하고, 시선이 자꾸 딴 곳으로 향한다면 상대방에게 '거짓말한다. 무언가 숨기고 있다. 지어내서 말한다. 불안하다. 자신감이 부족하다. 소심하다. 열정이 없다'라는 느낌을 줄 것입니다. 특히, 잘 모르는 질문이 나왔을 때 학생들이 당황해서 눈이 위로 올라가며 좌우로 흔들리는 경우가 많습니다. 자신의 눈맞춤이 자연스러운지 객관적으로 파악하기 어렵기 때문에 모의 면접을 비디오로 촬영하며 모니터링을 해보는 것이 중요합니다. 열정적이고 자신감이 넘치는 사람은 눈에서 열정 레이저를 쏘는 것처럼 뜨겁고 초롱초롱하게 빛나는 것처럼 보일 것입니다. 눈맞춤이 중요하다는 것을 알지만 처음 만나는 낯선 사람과 눈을 맞추며 말하는 것이 어렵고 힘든 학생들이 많을 것입니다. 면접에서 눈맞춤을 자연스럽게 할 수 있는 몇 가지 요령이 있습니다.

만약 세 사람의 면접관이 있다면 시선은 어디로 향해야 할까요? 한 명씩 눈맞춤을 하는 게 좋은데, 질문을 한 면접관과 그 외 면접관의 눈을 6:4의 비율로 눈맞춤을 하는 것이 좋습니다. 또한, 시선은 한 문장이 끝나고 이동하는 것이 좋습니다. "저는 열정적인 학생입니다. 학창 시절 2년 동안 연극부 동아리 회장을 맡아왔습니다"라는 문장을 말한다면 문장 중간에 시선을 이동하지 말고 "저는 열정적인 학생입니다"라는 말이 끝난 뒤, 그 사이 시선을 이동하고, 그 뒤 문장을 이어서 말하는 것이 좋습니다. 눈맞춤하는 것이 어렵다면 면접관의 눈썹 사이인 미간을 보며 말한다면 긴장되고 떨리는 것이 완화될 것입니다.

눈맞춤과 시선 이동을 자연스럽게 하기 위해 직접 친구 혹은 가족과 모의 면접을 통해 연습하는 것이 좋은데, 이미 익숙한 사람이기 때문에 실전 면접에서는 효과가 없을 수 있습니다. 낯선 사람들과 눈맞춤 훈련을 하는 게 좋기 때문에 모의 면접할 때도 잘 모르는 학생들과 함께 연습하는 것이 눈맞춤 훈련에 더 효과적입니다. 그것이 어렵다면 물건을 살 때 점원의 눈을 맞추며 물어보고, 낯선 사람에게 길을 물어볼 때 눈을 맞추면서 물어보는 등 일상생활 속에서 다양한 훈련을 할 수도 있습니다.

또한, 본인이 가고 싶은 대학 학과 교수님의 사진을 프린트해서 책상 앞에 붙여놓고 연습하는 것도 좋은 방법입니다. 실제로 한 학생이 이런 방법을 활용해서 면접 두려움을 극복하고 합격했습니다. 여러분도 이 방법을 활용해 연습한다면 눈맞춤에 대한 두려움을 극복할 수 있을 것입니다. 간절함은 두려움을 이길 수 있습니다.

비대면 면접이라면 카메라를 바라보며 말하는 연습을 해야겠죠? 카메라를 눈높이에 맞게 설정해놓고, 면접 연습을 여러 번 해봅시다! 영상을 찍고 다시 보면서 눈맞춤이 자연스러운지 모니터링을 해보세요!

실습) 눈맞춤 모니터링하기

1. 눈은 자주 깜박이지 않는가?
2. 눈은 위로 향하지 않는가?
3. 눈이 좌우로 자주 움직이지 않는가?
4. 초점을 잘 맞추고 말하고 있는가?
5. 시선 이동이 자연스러운가?

06

제스처는
어떻게 써야 할까?

제스처는 자신의 의견을 자신감 있게 설득하는 도구가 될 수 있습니다. 정치인이 연설을 할 때, 유명한 강연자가 강의할 때, 유능한 프레젠터가 프레젠테이션을 할 때 다양한 제스처를 사용해 청중을 설득합니다. 하지만 똑같은 제스처를 반복해서 사용하거나 너무 많은 제스처를 사용한다면 산만하고 부정적인 인상을 심어줄 수 있습니다. 면접에서 제스처는 어떻게 사용하는 것이 좋을까요? 면접에서 제스처가 자연스럽지 못하다면 차라리 사용하지 않은 편이 좋습니다. 제스처는 메시지를 이미지로 그려주는 도구로 내용에 어울리는 제스처를 사용해야 하며, 강조할 부분에서만 적절하게 사용하는 것이 좋습니다.

【 제스처의 크기 】

어깨너비 양쪽 10cm 거리 안에서 배꼽에서 머리 정수리 이내에서 사용하는 것이 좋습니다.

【 손가락 모양 】

엄지를 제외한 네 손가락이 붙어 있고, 엄지는 45도 각도로 떨어져 있는 것이 좋습니다. 손가락이 쫙 펴진 상태로 사용하는 것이 좋습니다.

【 제스처 시간 】

제스처는 해당 단어 부분에서만 잠깐 사용하는 것이 좋습니다. 해당 제스처가 오래 지속되면 부자연스런 느낌을 줍니다.

* 한 가지 제스처를 반복적으로 사용하지 않습니다.
* 한 문장에서 2개 이내의 제스처를 사용합니다.

1) 유용한 제스처

① 구슬공

엄지와 검지로 구슬공을 잡았다고 생각하며 제스처를 사용해봅시다. 이것은 '적다, 작다, 조금'의 의미를 강조할 때, 사용할 수 있습니다.

② 야구공

한 손으로 야구공을 잡았다고 생각하면서 엄지와 네 손가락을 떨어뜨려 주고, 네 손가락은 모은 상태로 구부려 줍니다. 이것은 '적당한, 적합한'의 의미로 사용할 수 있습니다.

③ 비치볼

양손으로 비치볼을 잡았다고 생각하며 제스처를 사용해봅시다. 이것은 '많다, 넓다, 크다' 등 다양한 의미를 강조할 때 사용할 수 있습니다.

④ 주먹 쥐기

주먹을 쥐어 '열정과 힘, 가능성, 용기'가 있다는 것을 강조할 수 있습니다.

⑤ 가슴에 손 얹기

가슴에 한쪽 손을 올려 '저는 …한 사람입니다'라는 말을 할 때 사용할 수 있습니다.

⑥ 한 손을 앞으로 내밀기

중요한 내용을 강조할 때 사용하면 좋은 제스처입니다.

⑦ 한 손을 아래에서 위로 올리기

'성적이 올라가다'처럼 위로 향하는 것을 말할 때 사용하면 좋은 제스처입니다.

⑧ 한 손을 안에서 밖으로 내밀기

'나가다', '마음을 열다', '주다' 등 밖으로 향하는 것을 말할 때 사용하면 좋은 제스처입니다.

실습) **다음 밑줄 친 부분을 제스처와 함께 말해봅시다!**

- 저의 장점은 말보다 **행동이 앞선다는 것입니다.**

- 저는 **열정**과 **가능성**이 있습니다.

- 저는 임원 활동을 하며, **나눔**과 **배려**를 배웠습니다.

- 저는 **작은** 실천이 중요하다고 생각합니다.

- 저는 삶의 속도보다는 **방향성**이 중요하다고 생각합니다.

- 저는 **다양한 경험**들이 중요하다고 생각합니다.

- 동아리 회원들이 처음에는 적었지만, **점점 늘어났습니다.**

- 저는 리더십이 부족하다고 생각해서 임원에 **도전했습니다.**

- **마음의 문을 열고** 소통하기 위해 노력했습니다.

- 학급 친구들 사이 **갈등이 많아** 힘들었습니다.

PART 3

진정성을 전달하는
면접 보이스 공식이 있다!

PART 2에서 배운 메라비언 법칙에서 첫인상을 결정짓는 요소 중 시각적 요소 다음으로 큰 영향력을 끼치는 것이 무엇이었죠? 그것은 바로 청각적 요소로 38%를 차지한다고 배웠습니다. 작고 힘없는 목소리로 "안녕하세요?"라고 말한다면 소극적으로 느껴지고, 큰 목소리로 말한다면 자신감 있고 적극적인 학생이라는 느낌을 줄 것입니다.

말을 제대로 이해하기 위해서는 경청이 필요한데, 경청하려면 많은 에너지가 소모됩니다. 면접관 역시 많은 학생들의 이야기를 모두 경청하는 데 무리가 있기 때문에 선택적 경청을 하게 됩니다. 잘 들리는 것만 듣게 되는 거죠. 그래서 학생은 면접관에게 잘 들리도록 전달하는 것이 면접관을 배려하는 것이고, 이런 학생이 호감을 줄 수 있습니다.

우리말에 '아 다르고 어 다르다'라는 말이 있듯이 같은 말이라도 누가 어떻게 말했는지에 따라 다른 의미로 해석될 수 있습니다. 만약 칭찬하는 상황에서 낮은 톤으로 "좋겠다, 대단해"라고 말했다면 칭찬이라고 느낄까요? '내가 잘 돼서 질투하나?'라고 오해할 수도 있습니다. 즉, 목소리가 전달력을 높이고 진정성을 평가하는 데 중요한 요소가 될 수 있다는 것입니다.

"단기간에 목소리가 바뀔 수 있을까요?"라고 질문하는 학생도 많습니다. 목소리는 근육을 만드는 과정과 비슷합니다. 근육을 만들기 위해서 꾸준히 매일 근력 운동을 해야 하는 것처럼 호감을 주는 목소리를 내기 위해서도 근육을 만드는 과정처럼 꾸준한 노력과 연습이 필요합니다. 그래서 일주일에 한 번 1시간 하는 것보다 하루 10분씩 꾸준히 연습하는 것이 목소리를 변화시키는 데 더 효과적입니다. 그런데 이 연습하는 과정이 너무 고통스럽고 힘들다면 하루 10분도 하기 싫겠죠? PART 3에 서는 쉽고 재미있게 꾸준히 연습하면서 목소리를 변화시킬 수 있는 방법을 알려드리겠습니다. 여러분들이 따라 하실 수 있도록 스피치 아카데미 라엘 블로그에 예문을 녹음해 올려놨습니다. 제 목소리를 들으며 큰 목소리로 따라서 연습해보세요!

01

작은 목소리를
어떻게 크게 만들까?

1) 복식 호흡법

면접관과 학생 사이의 거리가 있기 때문에 목소리가 작으면 학생이 무슨 말을 하는지 잘 들을 수 없습니다. 또한, 면접에 임하는 데 열정이 부족하고 성의가 없어 보이며 소심한 학생으로 평가될 수도 있습니다. 작은 목소리를 키울 수 있는 방법은 복식 호흡과 발성 연습을 꾸준히 하는 것입니다.

복식 호흡은 복부에 힘을 주는 호흡법입니다. 복식 호흡을 하게 되면 가슴과 배를 구분하는 근육막인 횡격막이 아래로 내려가면서 폐가 크게 확장되고, 폐에 깊숙이 공기가 들어가 크고 힘 있는 목소리를 낼 수 있습니다.

복식 호흡을 쉽게 설명하기 위해 풍선을 예로 들겠습니다. 풍선을 불면 풍선이 부풀어 오르고 풍선의 공기를 빼면 풍선이 쪼그라들면서 작아집니다. 복식 호흡을 한다는 것은 코로 숨을 들이마실 때(들숨) 풍선에 공기가 들어가면 부풀어 오르는 것처럼 배가 빵빵하게 부풀어 오르고, 입으로 숨을 내쉴 때(날숨) 풍선에 공기가 빠지면 쪼그라드는 것처럼 아랫배가 쑥 등 쪽으로 납작하게 들어갑니다. 이때 들이마시는 숨보다 내쉬는 숨을 길게 유지하는 것이 중요합니다.

복식 호흡을 하면 평소에 안 쓰던 복부의 근육들을 움직이기 때문에 다이어트 효과도 있고, 변비와 스트레스 해소, 면역력 향상에 도움이 됩니다. 복식 호흡이 정말 유용하죠? 복식 호흡을 꾸준히 연습해서 목소리도 커지고 건강도 챙겼으면 좋겠습니다.

2) 복식 호흡 연습법

① 풍선 활용법

복식 호흡을 쉽고 재미있게 연습하는 방법으로 풍선과 티슈를 활용하는 연습법이 있습니다. 풍선은 불 때 아랫배를 쑥 집어넣은 상태로 한 호흡에 얼마나 크게 불 수 있는지 확인해봅시다! 얼마나 오랫동안 불 수 있는 휴대폰의 스톱워치를 활용해 확인해봅니다. 그것을 매일 기록하면서 한 호흡에 풍선을 더 오랫동안 크게 불 수 있도록 연습해봅시다!

날 짜	시 간 (초)	날 짜	시 간 (초)
월 일	초	월 일	초
월 일	초	월 일	초
월 일	초	월 일	초
월 일	초	월 일	초
월 일	초	월 일	초
월 일	초	월 일	초
월 일	초	월 일	초

② 티슈 활용법

티슈 하나를 꺼내서 양쪽의 위쪽 모서리를 잡은 다음에 얼굴에서 10cm 정도 떨어뜨려 줍니다. 티슈를 들고 아랫배에 힘을 줘서 납작하게 만들며, 입으로 후~ 하고 티슈를 불어봅시다! 한 호흡에 최대한 숨을 길게 내뱉어 몇 초 정도 유지할 수 있는지 스톱워치를 활용해 시간을 잰 뒤 기록해봅시다!

날 짜	시 간 (초)	날 짜	시 간 (초)
월 일	초	월 일	초
월 일	초	월 일	초
월 일	초	월 일	초
월 일	초	월 일	초
월 일	초	월 일	초
월 일	초	월 일	초
월 일	초	월 일	초

티슈를 들고 아랫배에 힘을 줘서 납작하게 만들어 입으로 후! 하고 1초 정도 짧게 숨을 내쉬고, 코로 숨을 들이마시면서 아랫배를 크게 부풀

려 1초 정도 유지합니다. 후! 후! 후! 이렇게 아랫배를 납작하게 만들고 크게 부풀리는 것을 1초 간격으로 아랫배가 빠르게 들쑥날쑥할 움직일 수 있도록 반복해줍니다. 하루에 20개씩 3세트 정도 반복하면 복식 호흡도 자연스러워지고 복근도 생길 거예요!

3) 기본 발성 연습

복식 호흡으로 기본기를 쌓았으니 발성 연습을 해볼까요? 발성이란 성대를 진동시켜 소리를 만드는 것입니다. 소리를 크게 내기 위해서는 먼저 입을 크게 벌려야 하는데요. 자리에 서서 어깨와 허리를 편 다음, 한 손으로는 어깨를 잡고, 다른 한 손은 아랫배에 손을 올립니다. 한 손을 어깨에 올리는 것은 어깨가 올라가지 않도록 잡아주기 위한 것이고, 아랫배에 손을 올리는 것은 아랫배가 납작해지는지 확인하기 위함입니다.

가운뎃손가락 세 개가 세로로 들어갈 정도로 입을 크게 벌려 준 뒤, 목젖이 보이도록 혀의 뒷부분인 혀뿌리를 최대한 아래로 내려줍니다. 목젖을 들어 올려 목구멍의 아치가 최대한 넓어지도록 합니다. 손거울을 활용해 얼마나 목구멍의 아치가 넓어졌는지 확인해볼까요? 아마도 어린아이 같은 목소리나 톤이 너무 높은 목소리를 가졌다면 혀뿌리가 아래로 내려가지 않아 목젖이 보이지 않을 수 있습니다. 이때 젓가락을 활용해 혀를 눌러 혀뿌리가 내려갈 수 있도록 합니다. 너무 깊숙이 젓가락을 넣으면 헛구역질이 나올 수 있으니 유의하세요. 지속적으로 연습하다 보면 혀뿌리가 젓가락을 사용하지 않아도 내려갈 테니 안 된다고 포기하지 마시고요. 끈기를 갖고 변화될 수 있다는 긍정적인 마음으로 연습해보세요!

입을 크게 벌린 상태에서 아랫배에 힘을 주어 안쪽으로 쑥 넣은 뒤, 목젖을 위로 올리고 숨을 내쉬면서 아~~ 라고 소리를 길게 내볼까요? 이때 평소 내는 목소리보다 굵고 낮은 톤의 목소리를 낼 수 있도록 합니다. 또한, 화살이 멀리 날아가는 것처럼 목소리가 밖으로 멀리 뻗어 나갈 수 있도록 소리를 내는 것이 중요합니다. 한 호흡에 아~~ 라는 소리를 최대한 길게 내어 몇 초 정도 되는지 스톱워치로 시간을 잰 뒤 기록해주세요!

날 짜	시 간 (초)	날 짜	시 간 (초)
월 일	초	월 일	초
월 일	초	월 일	초
월 일	초	월 일	초
월 일	초	월 일	초
월 일	초	월 일	초
월 일	초	월 일	초
월 일	초	월 일	초

위의 발성을 한 호흡에 20초 정도 길게 할 수 있다면 호흡량이 평균 정도 되는 것이고 20초 미만이라면 호흡량이 다소 부족하다고 할 수 있는데요. 매일 초가 1초라도 조금씩 늘어날 수 있도록 연습한다면, 목소리가 서서히 변화될 거예요. 만약 호흡이 짧다면 말하는 중간에 숨소리

가 자주 들려 집중하는 데 방해 요소가 될 수 있습니다. 다양한 자세를 활용해 발성 연습을 해볼 수 있는데 아래의 그림을 참고로 발성 연습해보시고, 표를 활용해 발성 시간도 기록해주세요.

1번은 위에서 설명한 기본자세이며, 2번은 90도로 등을 구부린 자세로 발성 연습을 하는 것이고, 3번은 한쪽 다리를 90도로 구부려 배에 자극을 주어 발성 연습하는 것입니다.

이 밖에도 배에 자극을 줄 수 있는 윗몸 일으키기 자세나 얼굴을 바닥을 향하도록 누운 다음에 상체를 든 자세로 발성 연습을 하는 것도 큰 도움이 될 것입니다.

매일 초를 기록하고 하루 1초씩 늘려나갈 수 있도록 연습한다면 목소리의 힘이 생기고 체력도 좋아질 것입니다. 연습으로 발전하는 모습을 보면서 성취감을 느끼고 자존감도 쑥쑥 올라갈 수 있었으면 좋겠습니다.

날 짜	시 간 (초)	날 짜	시 간 (초)
월 일	초	월 일	초
월 일	초	월 일	초
월 일	초	월 일	초
월 일	초	월 일	초
월 일	초	월 일	초
월 일	초	월 일	초
월 일	초	월 일	초

4) 스타카토 발성

음악 시간에 스타카토라는 것에 대해 배웠죠? 한 음을 짧게 끊어서 표현하는 것이 스타카토인데요. 마찬가지로 스타카토 발성법은 뱃심으로 한 음을 짧게 끊어서 발성 연습을 하는 것을 말합니다. 먼저 아! 라는 소리를 낼 때 짧게 끊어 5번 연습을 해보도록 하겠습니다. 아! 아! 아! 아! 아! 이때 중요한 것은 목구멍의 아치가 넓어질 수 있도록 해주시고, 아! 라는 소리를 낼 때 뱃심을 줘서 아랫배가 납작해지도록 해주세요! 그 뒤 1초간은 코로 숨을 들이마시며 배가 부풀어 오르도록 해주시고요. 그러면 배가 들쑥날쑥 활발히 움직이겠죠? 스타카토 발성법을 아래 예문을 활용해 연습해봅시다.

하 ! 하 ! 하 ! 하 ! 하 !
히 ! 히 ! 히 ! 히 ! 히 !
후 ! 후 ! 후 ! 후 ! 후 !
헤 ! 헤 ! 헤 ! 헤 ! 헤 !

호 ! 호 ! 호 ! 호 ! 호 !
나 ! 는 ! 성 ! 실 ! 하 ! 다 !
나 ! 는 ! 궁 ! 정 ! 적 ! 이 ! 다 !
나 ! 는 ! 열 ! 정 ! 적 ! 이 ! 다 !
나 ! 는 ! 가 ! 능 ! 성 ! 이 ! 있 ! 다 !

5) 배짜기 연습

앞서 배운 것처럼 작고 힘없는 목소리를 크고 자신감 있게 만들기 위해서는 복식 호흡을 하며, 뱃심으로 말하는 것이 중요합니다. 뱃심을 키우기 위해 심화 훈련인 '배짜기' 연습이 있는데요. 우리가 '짜다'라는 표현을 주로 빨래의 물기를 제거하기 위해 비트는 것을 말할 때 사용하죠. 이처럼 아랫배에 힘을 주어 배를 쑥 안쪽으로 들어가도록 납작하게 만들어 그 상태를 유지하는 것이 바로 '배짜기'입니다. 배짜기 훈련으로 뱃심을 키우고 목소리를 크고 당당하게 만들어볼까요?

행복은 바로 감사하는 마음이다.

위의 명언으로 배짜기 연습을 해보겠습니다. 먼저 어절 단위로 소리를 끊어서 연습해봅시다! 이때 어절마다 뱃심을 줘서 아랫배가 납작한 상태를 유지해줍니다.

행복은 / 바로 / 감사하는 / 마음이다.

다음은 주어와 서술어 두 부분으로 나눠서 배짜기로 읽어보겠습니다.

행복은 / 바로 감사하는 마음이다.

이번에는 전체 문장을 한 호흡에 배짜기로 연습해보겠습니다.

행복은 바로 감사하는 마음이다.

【 다음의 예문을 배짜기로 연습해봅시다! 】

도전은 / 인생을 / 흥미 있게 / 만들며, /
도전의 / 극복은 / 인생을 / 의미 있게 / 만든다. /

도전은 / 인생을 흥미 있게 만들며, /
도전의 극복은 / 인생을 의미 있게 만든다. /

도전은 인생을 흥미 있게 만들며, /
도전의 극복은 인생을 의미 있게 만든다. /

도전은 인생을 흥미 있게 만들며,
도전의 극복은 인생을 의미 있게 만든다. /

【 긴 장문을 배짜기로 연습하기 】

다음은 긴 장문을 배짜기로 연습해보겠습니다. 여러분이 이 글을 한 호흡에 읽을 수 있는 부분까지 배짜기를 활용해 읽어보세요. 숨이 가빠져서 뒤로 갈수록 읽는 속도가 점점 빨라지는 경우가 많은데요. 보통 책을 읽는 속도로 천천히 읽어주세요. 어디까지 읽었는지 체크해보고 점점 분량을 늘릴 수 있도록 연습해주세요!

행복 천재들은 좋아하는 것에 관한 한 천재다. 행복 천재들은 좋아하는 것들이 많다. 또한 자신이 좋아하는 것이 무엇인지 명확하게 알고 있다. 좋아하는 것이 분명하고 많으면, 마음속에 '관심'이 가득하다. 그러나 싫어하는 것이 분명하고 많으면, 마음속에 '근심'이 가득하다. 싫어하는 사람들, 싫어하는 일들, 싫어하는 장소들을 피해야 하기 때문이다.

행복 둔재들은 싫어하는 것에 관한 천재다. 하고 싶은 일은 별로 없어도 하기 싫은 것은 많다. 좋아하는 것을 물으면 "아무거나"라고 하지만, 싫어하는 것을 물으면 단호하게 대답한다.

이를 실증적으로 뒷받침하는 연구가 최근에 서울대학교 행복연구센터에서 진행되었다. 참가자들에게 자신이 좋아하는 것과 싫어하는 것을 각각 1분 동안 자유롭게 적어보도록 했다. 결과가 매우 흥미로웠다. 행복감이 높은 참가자들일수록 좋아하는 것을 많이 적었을 뿐 아니라, 범주도 다양했다. 또한 좋아하는 것에 대한 설명도 아주 구체적이었다. 예를 들어 행복감이 낮은 참가자들이 '음악 듣기'를 좋아한다고 적는다면, 행복감이 높은 참가자들은 '한적한 버스나 기차에서 노래 들으며 책 읽기'를 좋아한다고 적는 식이었다. 행복한 사람들은 좋아하는 것을 '많이' 가지고 있기도 하지만, 또한 좋아하는 것을 '빨리' 고르기도 한다. 좋아하는 것이 무엇인지를 묻는 것이 일상화된 사회에서 살면 좋아하는 것들이 명확해진다.

[출처: 중앙일보] 행복 천재들은 좋아하는 것이 많다
- 최인철 교수의 칼럼 중

6) 단계별 발성법

말을 할 때 목소리의 크기가 일정하다면 어떨까요? 면접관의 입장에서 지원자의 말을 경청하기 어려울 수 있습니다. 목소리 크기 변화가 없다면 지루함을 줄 것이고 전달력이 떨어지기 때문이죠. 말의 내용을 제대로 잘 전달하기 위해서는 목소리의 크기 변화가 필요합니다. 이번에는 목소리의 크기를 변화시키는 단계별 발성법을 배워보겠습니다.

여러분의 목소리의 크기를 10단계로 나눠보겠습니다.

1단계는 여러분들이 낼 수 있는 가장 작은 목소리로 친구에게 귓속말로 속삭이는 목소리, 3단계는 여러분들이 일상에서 말하는 목소리, 10단계는 가장 큰 목소리라고 생각하시면 됩니다. 1단계에서 10단계로 갈수록 목소리가 점점 커져야겠죠. 목소리의 크기를 다르게 해서 변화가 느껴질 수 있도록 연습해봅시다!

【 10단계 발성법 】

일은 하나요. (1단계)   이는 둘이요. (3단계)

삼은 셋이요. (2단계)   사는 넷이요. (4단계)

오는 다섯이요. (5단계)　　　　육은 여섯이요. (8단계)

칠은 일곱이요. (6단계)　　　　팔은 여덟이요. (9단계)

구는 아홉이요. (7단계)　　　　십은 열이요. (10단계)

다음은 3단계와 5단계 발성법으로 응용해서 연습해볼까요?

【 3단계 발성법 】

저는 방황을 많이 했습니다. (2단계)

하지만 꿈을 찾고 열정과 희망이 생겼습니다. (6단계)

지금 꿈에 도전하는 이 순간이 너무 행복합니다. (9단계)

【 5단계 발성법 】

저는 낯가림이 무척 심했습니다. (2단계)

그래서 친구를 사귀는 것이 많이 힘들었습니다. (2단계)

하지만 용기 내어 친구에게 먼저 다가섰습니다. (5단계)

그 결과 많은 친구들을 사귈 수 있었습니다. (7단계)

지금은 좋은 친구들이 많아 행복합니다. (9단계)

7) 피아노 발성법

　여러분들은 친구에게 "미안해", "고마워"라는 말을 할 때 어떤 톤으로 말을 하나요? 만약 미안하다는 말과 고맙다는 말을 똑같은 톤으로 말한다면 진심이 제대로 전달되지 못할 것입니다. 흔히 말하는 '영혼 없이 말한다'라는 말을 듣게 될 수도 있습니다.

목소리의 높낮이에 따라 미묘한 감정의 차이가 느껴지기 때문에 톤이 중요합니다. 아나운서들이 뉴스를 진행할 때, 예능 MC를 할 때 각각 목소리의 높낮이가 달라집니다. 뉴스를 진행할 때는 목소리의 톤이 낮고, 예능 MC를 진행할 때는 목소리의 톤이 높아집니다. 낮은 톤은 진중한 느낌을 주고, 높은 톤은 밝고 활기찬 느낌을 주기 때문이죠. 마찬가지로 면접에서도 감정을 표현하기 위해서는 목소리의 톤이 내용에 따라 달라져야 합니다.

피아노 발성법은 목소리의 톤을 변화시키는 발성법으로 이것을 잘 숙지하고 활용한다면 면접관에게 진정성을 더 잘 전달할 수 있게 될 것입니다. 피아노 발성법은 도레미파솔 톤이 있는데요. 어떻게 활용할 수 있는지 하나씩 배워볼까요?

1) '도'는 부정적이고 힘들었던 이야기를 할 때 활용합니다.
예) 그때 저는 정말 힘든 시기였습니다.
    그 활동은 많이 아쉬웠습니다.

2) '레'는 질문을 제대로 못 알아들었을 때, 생각할 시간을 요청할 때 활용합니다.
예) 제가 질문의 뜻을 제대로 이해하지 못했습니다.
    다시 한번 말씀해주시면 감사하겠습니다.

잠시 생각할 시간을 주시면 감사하겠습니다.

3) '미'는 일반적인 이야기를 할 때 사용합니다.

예) 저는 3년 동안 방송부 활동을 통해 많은 것을 배웠습니다.

4) '파'는 자신의 생각이나 주장을 강조할 때 활용합니다.

예) 저는 영어 교육의 혁신을 이끌어가고 싶습니다.

결과보다는 과정을 중시하고, 대답보다는 질문을 하는 교육을 하겠
습니다.

5) '솔'은 인사할 때 활용합니다.

예) 시작할 때 : 안녕하세요?

끝나고 난 뒤 : 감사합니다.

02

정확한 발음을 위해
어떻게 연습할까?

면접에서 발음이 부정확하면 무슨 말을 하는지 제대로 알아들을 수 없고, 이미지에도 부정적인 영향을 미쳐서 호감과 신뢰감을 주기 어렵습니다. 혀 짧은 소리가 나거나 새는 발음이 많다면 내용에 집중해서 듣기 어려울 것이며, 학업 역량이나 자신감이 부족해보일 수 있겠죠? 면접에서 지원자는 면접관에게 신뢰감을 주는 것이 중요하기 때문에 정확한 발음에 더욱 신경을 써야 합니다.

발음을 정확하게 하기 위해 어떻게 해야 할까요? 말을 할 때 움직이는 기관이 조음 기관인데요. 혀, 치아, 입술이 바로 조음 기관입니다. 입을 크게 벌리고 혀와 입을 활발히 움직여야 정확한 발음을 만들 수 있습니다. 발음이 부정확한 학생들을 보면 혀가 두껍거나 짧은 경우도 있지만 대부분 입을 크게 벌리지 않습니다. 평소와 달리 갑자기 입을 크게 벌려 발음하려면 얼굴 근육들이 굳어져 있기 때문에 부자연스럽게 느껴질 것입니다.

여러분들이 일자로 다리 벌리기를 한다면 아마도 대부분은 뻣뻣한 상태로 굳어져 다리 벌리기가 어렵죠? 하지만 스트레칭 연습을 한다면, 유연성이 생기고 점점 다리를 더 넓게 벌릴 수 있게 될 것입니다. 마찬가지로 발음을 정확하게 잘하기 위해서는 조음 기관인 입과 혀의 스트레칭으로 유연성을 길러줘야 합니다. 조음 기관의 유연성이 생겨야 빠르고 부드럽게 움직일 수 있고, 정확한 발음을 할 수 있습니다. 정확한 발음을 위해 조음 기관 스트레칭 운동을 따라 해보세요.

1) 조음 기관 스트레칭 연습법

【 얼굴 근육 풀어주기 】

1. 양쪽 손바닥을 볼에 맞대고 원을 그리며 돌리기 (10초)

2. 볼에 바람을 넣어 빵빵하게 부풀리기 (10초)

3. 눈썹을 위로 들어 올리기 (10초)

4. 입으로 큰 원을 그려 시계/반시계 방향으로 돌리기 (10초)

【 입 스트레칭하기 】

1. 양쪽 입술을 부딪치며 입술 털기 10초

2. 손가락 세 개가 세로로 들어갈 정도로 입을 크게 벌린 뒤 입 모양을 가장 큰 동그란 원으로 만들어 '아!'라고 발음하기

3. 새끼손가락 하나 들어갈 정도로 입술을 오므려 '오!'라고 발음하기

4. 앞의 입 모양을 따라 '아오!'를 빠르게 5번 반복하기

5. 입에 손가락 세 개를 세로로 넣어 최대한 길게 타원형으로 입을 위아래로 늘려 '어!'라고 발음하기

6. 입을 가로로 길게 옆으로 늘려 '으!'라고 발음하기

7. 앞의 입 모양을 따라 '어으!'를 빠르게 5번 반복하기

【 혀 스트레칭하기 】

1. 혀를 위로 내밀어 코 끝을 향하게 하기

2. 혀를 아래로 내려 턱 끝을 향하게 하기

3. 혀로 위아래 양쪽 어금니를 터치하기

4. 위아래 양쪽 어금니를 터치하며 혀를 시계/반시계 방향으로 돌리기

5. 입을 하품하듯이 크게 벌려 혀의 뒤쪽 끝을 윗니 뒤쪽에 붙였다 아래로 내리며 '라!' 하고 발음하기 - 라! 라! 라! 라! 라! 5번 반복하기

6. 시계 소리 똑딱똑딱 10번 소리 내기

7. 혀로 '가나다라' 글씨 쓰기

위의 조음 기관 스트레칭 연습법을 매일 꾸준히 연습한다면 조음 기관이 유연해지기 때문에 발음이 한결 정확해질 것입니다.

2) 모음 발음 연습법

한글에는 모음과 자음이 있는데, 모음 발음은 입 모양이 다르고, 자음 발음은 혀의 위치와 모양이 다릅니다. 그래서 모음의 입 모양과 자음의

혀의 위치와 모양을 정확히 아는 것이 중요합니다.

모음은 다시 단모음과 이중모음으로 나뉘는데, 단모음은 입 모양의 처음과 끝이 바뀌지 않는 것, 이중모음은 입 모양의 처음과 끝이 바뀌는 것을 말합니다. 단모음에는 ㅏ, ㅓ, ㅔ, ㅐ, ㅗ, ㅜ, ㅡ, ㅣ, ㅚ, ㅟ 가 있습니다.

【 단모음 발음법 】

'ㅏ'는 가운뎃손가락 세 개가 세로로 들어갈 정도로 입을 동그랗고 크게 벌려 발음합니다.

'ㅓ'는 'ㅏ'의 입 모양 상태에서 양쪽 검지손가락을 입술 양 끝에 붙여 11자를 만듭니다. 입술을 세로로 길게 벌려주며 발음합니다.

'ㅔ'는 검지손가락을 입에 물고 가로 방향으로 입술을 벌려 발음합니다.

'ㅐ'는 검지손가락 위에 중지 손가락을 위에 겹쳐 올린 뒤 입에 물고 가로 방향으로 입술을 벌려 발음합니다.

'ㅗ'는 새끼손가락 하나가 들어갈 정도로 입을 동그랗게 모아 발음합니다.

'ㅜ'는 'ㅗ' 발음에서 입술을 앞으로 내밀며 발음합니다.

'ㅡ'는 위아래 치아를 붙이고, 입을 가로 방향으로 최대한 벌려줍니다.

'ㅣ'는 'ㅡ' 발음 상태에서 위아래 치아를 벌려 살짝 떼고, 입꼬리를 위로 향하여 올려줍니다.

* 'ㅚ'와 'ㅟ'는 원칙상 단모음에 속하지만, 이중모음도 표준 발음으로 인정됐습니다.

'ㅚ'는 'ㅗ'와 'ㅔ' 모음을 빠르게 이어서 발음하면 됩니다.

'ㅟ'는 'ㅜ'와 'ㅣ' 모음을 빠르게 이어서 발음하면 됩니다.

【 이중모음 발음법 】

이중모음은 두 개의 모음이 결합된 모음으로 ㅑ, ㅕ, ㅘ, ㅝ, ㅛ, ㅠ, ㅖ, ㅒ, ㅙ, ㅞ, ㅢ 가 있습니다. 이중모음은 입 모양의 처음과 끝이 달라져야 하는데, 단모음으로 발음하는 경우가 많습니다. 예를 들면, 과학을 [가학]으로 정확을 [정학]으로 발음하는 경우가 많습니다. 특히, 말이 빠른 학생의 경우 이중모음을 단모음처럼 발음하는데요. 이런 경우 무슨 말을 하는지 제대로 이해할 수 없을 뿐만 아니라 성격이 급하고 매사에 대충하는 학생이라는 부정적인 인상을 줄 수 있습니다. 그래서 정확한 발음으로 신뢰감을 주기 위해서 이중모음을 명확하게 발음하는 것이 중요합니다. 발음을 천천히 따라 하며 이중모음을 정확하게 발음하는 방법을 익혀보세요.

'ㅑ'는 'ㅣ'와 'ㅏ' 모음을 빨리 이어서 발음합니다.

'ㅕ'는 'ㅣ'와 'ㅓ' 모음을 빨리 이어서 발음합니다.

'ㅘ'는 'ㅗ'와 'ㅏ' 모음을 빨리 이어서 발음합니다.

'ㅝ'는 'ㅜ'와 'ㅓ' 모음을 빨리 이어서 발음합니다.

'ㅛ'는 'ㅣ'와 'ㅗ' 모음을 빨리 이어서 발음합니다.

'ㅠ'는 'ㅣ'와 'ㅜ' 모음을 빨리 이어서 발음합니다.

'ㅖ'는 'ㅣ'와 'ㅔ' 모음을 빨리 이어서 발음합니다.

'ㅒ'는 'ㅣ'와 'ㅐ' 모음을 빨리 이어서 발음합니다.

'ᅫ'는 'ㅗ'와 'ㅐ' 모음을 빨리 이어서 발음합니다.

'ᅰ'는 'ㅜ'와 'ㅔ' 모음을 빨리 이어서 발음합니다.

'ᅴ'는 'ㅡ'와 'ㅣ' 모음을 빨리 이어서 발음합니다.

3) 자음 발음 연습법

자음 발음은 혀와 입술, 목구멍의 모양을 상형화해서 만들어진 것으로 발음에 따라 혀의 위치와 모양이 달라집니다.

'ㄱ'의 발음은 어떻게 날까요? '기역'이라고 많이 말하는데, '기역'은 자음의 이름이고, 소리는 없습니다. 자음은 혼자서 소리를 낼 수 없고 모음과 결합했을 때, 소리가 나게 됩니다. 예를 들면, 'ㄱ'이란 자음은 'ㅏ'와 결합해 '가'라는 소리가 만들어집니다.

자음을 조음 위치에 따라 분류해 정확한 발음을 배워볼까요?

【 입술이 맞닿아서 생기는 자음 】

- ㅁ, ㅂ, ㅃ, ㅍ (양순음 – 입술 소리)

ㅁ : 윗입술과 아랫입술을 가볍게 붙였다 떼면서 발음합니다.

ㅂ : 윗입술과 아랫입술을 살짝 안쪽으로 넣어, 붙였다 떼면서 발음합니다.

ㅃ : 'ㅂ'을 발음할 때의 입술 모양을 유지하고, 입술에 힘을 주어 붙였다 떼면서 발음합니다.

ㅍ : 'ㅂ' 발음을 할 때의 입술 모양을 유지하고, 공기를 입에 담았다가
　　터트리면서 발음합니다.

【 혀끝과 잇몸에서 나는 소리 】

- ㄴ, ㄷ, ㄸ, ㅌ, ㅅ, ㅆ, ㄹ (치조음 - 잇몸 소리)

ㄴ : 혀 끝이 윗니 뒤쪽과 잇몸 사이에 살짝 닿으며 발음합니다.

ㄷ : 혀의 앞부분 0.5cm 가 윗니 뒤쪽과 잇몸 사이에 살짝 닿으며 발음
　　합니다.

ㄸ : 'ㄷ' 발음할 때의 혀 모양을 유지하고, 입술에 힘을 주어 붙였다 떼
　　면서 발음합니다.

ㅌ : 'ㄷ' 발음을 할 때의 혀 모양을 유지하고, 공기를 입에 담았다가 터
　　트리면서 발음합니다.

ㅅ : 'ㅅ' 발음은 마찰음이기 때문에 발음이 어렵고, 새는 경우가 많습니
　　다. 혀끝과 윗잇몸 사이를 좁힌 다음, 좁혀진 틈 사이로 숨을 내쉬면
　　서 발음합니다.이때 혀를 그릇 모양으로 오목하게 만든 다음에 혀
　　의 좌우를 위 치아에 닿도록 해서 바람이 새어나가지 않도록 합니
　　다.

ㅆ : 'ㅅ'을 발음할 때의 혀 모양을 유지하고, 위 치아에 댄 혀의 좌우를
　　힘주어 붙였다 떼면서 발음합니다.

ㄹ : 혀끝의 뒷부분이 윗니 뒷부분과 잇몸 사이에 닿으며 발음합니다.
　　이때 혀가 포물선 곡선을 그리며 자연스럽게 위로 향하게 합니다.

【 혓바닥과 경구개가 닿아서 만들어지는 소리 】

- ㅈ, ㅉ, ㅊ (경구개음 - 센 입천장 소리)

ㅈ : 우리가 보통 입천장이라고 불리는 딱딱한 곳을 경구개라 부릅니다.
  혓바닥 중간 부분을 딱딱한 입천장(경구개)에 붙였다 떼면서 발음합
  니다.

ㅉ : 'ㅈ' 발음할 때의 혀 모양을 유지하고, 입천장에 혓바닥에 힘을 주
  어 붙였다 떼면서 발음합니다.

ㅊ : 'ㅈ' 발음을 할 때의 혀 모양을 유지하고, 공기를 입에 담았다가 터
  트리면서 발음합니다.

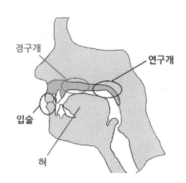

【 혀의 뒷부분인 혀뿌리 부분과 연구개가 닿아 만들어지는 소리 】

- ㄱ, ㄲ, ㅋ, ㅇ (연구개음 - 여린 입천장 소리)

ㄱ : 연구개는 입천장 뒤쪽에 있는 목젖 위쪽 부분을 말합니다. 이 부분
  과 혀뿌리 부분이 닿았다가 떨어지며 발음합니다.

ㄲ : 'ㄱ' 발음할 때의 혀 모양을 유지하고, 연구개에 닿은 혀뿌리 부분
  에 힘을 주어 붙였다 떼면서 발음합니다.

ㅋ : '¬' 발음을 할 때의 혀 모양을 유지하고, 공기를 입에 담았다가 터
   트리면서 발음합니다.

ㅇ : 혀뿌리 부분을 연구개에 대었다가 떼면서, 입을 동그랗게 만들어
   발음합니다.

【 성대 사이에 폐에서 나온 공기가 통과하면서 나오는 소리 】
- ㅎ (후음 - 목청 소리)

ㅎ : 목청을 좁혀 숨을 내쉴 때 가장자리를 마찰하여 나오는 마찰음입니
   다.

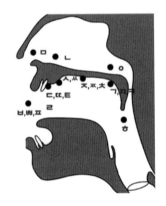

【 다음 문장으로 4단계 발음 연습을 해봅시다 】

발음을 정확히 하기 위해서 처음부터 빠르게 하는 것은 도움이 되지
않으며, 조음 기관을 천천히 크게 벌려 연습해야 스트레칭이 되면서 변
화가 일어납니다. 자극이 느껴져야 변화가 일어나는 만큼 평소 발음하
는 것보다 입을 크게 벌려 보세요! 특히, 정확한 자음과 모음 발음을 앞

에서 배웠으니 입 모양과 혀의 위치를 잘 생각하면서 가능하면 조음 기관을 크게 벌려 천천히 발음해보세요.

연습할 때 아래의 4단계로 발음 연습을 해주세요!

1) 한국 관광 공사 곽진광 관광 과장

1단계 – 모음만 떼서 발음하기

예) 한국 관광 공사/ 곽진광/ 관광 과장/

　　아 우 와 와 오 아/ 와 이 와/ 와 와 와 아

2단계 – 한 음절씩 끊어서 발음하기

예) 한 국 관 광 공 사 곽 진 광 관 광 과 장

이때 ㄴ 받침이 있는 글자는 장음으로 늘려서 발음합니다.

예) 한 – 하 아 안/ 관 – 과 아 안/ 진 – 지 이 인

3단계 – 어절 단위로 끊어서 발음하기

예) 한국/ 관광/ 공사/ 곽진광/ 관광/ 과장

4단계 – 의미 단위로 끊어서 발음하기

예) 한국 관광 공사/ 곽진광/ 관광 과장

2) 서울특별시 특허허가과 허가과장 허과장

1단계 – 어우으여이/ 으어어아와/ 어아와아/ 어와아

2단계 – 서 울 특 별 시 특 허 허 가 과 허 가 과 장 허 과 장

3단계 – 서울특별시/ 특허/ 허가과/ 허가/ 과장/ 허/ 과장

4단계 – 서울특별시/ 특허허가과/ 허가과장/ 허과장

3) 고려고 교복은/ 고급 교복이고,/ 고급 원단을 사용했다.
1단계 – 오여오 요오으/ 오으 요오이오/ 오으 워아으/ 아요애아/

2단계 – 고 려 고 교 복 은 고 급 교 복 이 고 고 급 원 단 을 사 용 했 다.

3단계 – 고려고/ 교복은/ 고급/ 교복이고/ 고급/ 원단을/ 사용했다.

4단계 – 고려고 교복은/ 고급 교복이고/ 고급 원단을/ 사용했다.

'연습이 완벽을 만든다'는 말이 있죠? 정확한 발음으로 신뢰감과 자신감을 높이고 싶다면, 꾸준히 발음을 연습해보세요.

03

목소리로 어떻게 진정성을
전달할 수 있을까?

면접 수업을 하다 보면 종종 면접 답변을 적어서 그대로 외워 읽는 듯한 말투로 말하는 학생들이 있습니다. 면접은 암기한 것을 확인하기 위한 자리가 아니라 학생부와 자기소개서의 진정성을 평가하며, 학생의 역량을 종합적으로 판단하기 위해 보는 것입니다. 좋은 평가를 받기 위해서는 목소리에 여러분의 열정과 진정성을 담는 것이 중요한데요. 이것을 잘 표현하기 위해서는 말할 때 5가지 강조법을 잘 활용해야 합니다.

1) 멈춤 강조법

말할 때 여유가 없으면 말이 빨라지게 되고 숨 쉴 여유조차 없어지게 됩니다. 침이 고여 '꿀꺽' 소리를 내며 어색하게 침을 삼키게 되고, 숨이 차고, 말도 꼬이게 될 가능성이 높습니다. 또한, 면접 때 말이 빠르면 면접관이 내용을 이해하지 못하게 되고, 중요한 내용을 듣지 못하게 될 수도 있습니다. 면접관에게 학생의 성격이 너무 급한 것 같다는 부정적인 이미지를 줄 수도 있습니다. 말이 빨라지는 학생들을 보면, 문장 사이에 자신도 모르게 습관적으로 '음', '이제', '어' 등 흐름을 방해하는 불필요한 말을 넣게 되는 경우가 많습니다. 뒷부분의 어미나 조사, 연결어를 길게 끌며, "했습니다~~~"라고 말하는 학생들도 있는데, 어미를 끌며 말하는 습관은 경청을 방해합니다.

말의 이해를 돕고 집중하게 만들기 위해 멈춤을 활용해야 합니다. 멈춤은 문장의 마침표 뒤, 쉼표 뒤, 중요하고 강조해야 할 말 앞에서 활용하는 것이 좋습니다. 일정한 속도로 말한다면 말이 무미건조하고 지루하게 들리겠죠? 특히, 멈춤을 활용할 때는 멈춤의 시간을 다르게 해야 말의 리듬이 생겨서 편안하고 자연스럽게 들립니다. 멈춤의 활용법을 예시를 들어보겠습니다.

저는// 흰색 같은 사람입니다./ 흰색은 다른 색과 잘 섞이고,//
그 색을 밝게 만들어주는데요./ 저도 흰색처럼// 사람들과 잘
어울리고,/ 분위기를 밝게 만들어주는 사람입니다./

// 은 1초 정도 / 는 0.5초 정도 쉬어주면 되고, 위에서 보는 것처럼 잠시 멈추는 시간을 다르게 해서 리듬이 느껴지도록 말하는 것이 좋습니다. 문장의 마침표와 쉼표 뒤에서는 0.5초 정도 쉬고, 더 중요하게 강조할 단어 앞에서 1초 정도 더 길게 쉬어준다면 전달력이 높아지겠죠?

2) 강약 강조법

　말을 할 때 목소리 크기를 일정하게 말한다면 단조롭게 들리고, 중요한 내용을 제대로 듣지 못하게 될 수 있습니다. 발라드 가수가 노래할 때 어떻게 부르나요? 처음에는 속삭이듯 작은 목소리로 노래하다가 절정 부분에서는 절규하듯이 큰 목소리로 노래해 사람들에게 감동을 줍니다. 선거 연설을 하는 정치인도 처음에는 일상 대화를 하듯 편안한 목소리로 말하다가 중요한 공약이나 자신의 포부에 대해 말할 때는 큰 목소리로 힘주어 말하며 유권자들을 설득하려고 노력합니다.

　음악 악보를 보면, p(피아노, 여리게), f(포르테, 강하게), 크레셴도(점점 크게), 데크레셴도(점점 작게) 등의 부호가 있는 것처럼 말을 할 때도 강약을 활용해서 말한다면 효과적으로 메시지를 전달할 수 있습니다.

　면접에서 자신의 장점이나 포부 등 강조하고 싶고, 잘 전달해야 하는 중요한 부분은 목소리를 크게 내고, 자신의 힘들었던 이야기나 단점을 말할 때는 목소리를 작게 해야 훨씬 진정성 있게 들리겠죠? 예문을 통해 목소리 크기의 강약을 조절하는 연습을 해볼까요?

　저는// **흰색** 같은 사람입니다./ **흰색**은 다른 색과 잘 **섞이고**,// 그 색을 **밝게** 만들어주는데요./ 저도 **흰색**처럼// 사람들과 잘 **어울리고**,/ 분위기를 **밝게** 만들어주는 사람입니다./

밑줄 친 부분인 '흰색, 섞이고, 밝게, 어울리고'를 크게 말해서 강조한다면 메시지가 더 잘 전달될 것입니다.

3) 속도 강조법

진정성을 잘 전달하기 위해서는 말하는 속도도 달라야 합니다. 중요한 부분은 천천히 말해야 중요하지 않은 부분은 빠르게 말해 속도의 차이가 느껴지도록 한다면 중요한 부분이 더 잘 들리겠죠? 또한, 속도를 다르게 해서 말할 때 말의 리듬이 생겨서 자연스럽고 편안하게 들립니다.

저는// **흰색** 같은 사람입니다./ **흰색**은 다른 색과 잘 **섞이고**,// 그 색을 **밝게** 만들어주는데요./ 저도 **흰색**처럼// 사람들과 잘 **어울리고**,/ 분위기를 **밝게** 만들어주는 사람입니다./

위의 예시를 활용해 밑줄 친 중요한 부분은 천천히 말하고, 그 외의 부분은 좀 더 빠르게 말해봅시다.

4) 높낮이 강조법

높낮이 강조법은 크게 연결어미와 종결어미의 높낮이를 다르게 해서 강조하는 것과 중요한 단어를 올려 강조하는 것으로 나눌 수 있습니다.

① 연결/종결어미의 높낮이

1. 흰색**은** 다른 색과 잘 섞이**고** 그 색**을** 밝게 만들어주는데**요.**
2. 동아리 리더**를** 처음 맡다 보**니**, 힘든 점**이** 참 많았습니**다.**

위의 문장을 한번 읽어보고, 굵은 글씨로 적혀있는 '은, 고, 을, 요, 를, 니, 이, 다' 이 부분을 올려 말했는지 내려 말했는지 적어봅시다. 연결어미와 종결어미 부분을 짧게 끊어 내려서 말하면 진중한 느낌을 주며, 올려 말하면 친절하고 부드러운 느낌을 줍니다. 어미를 올리고 내리는 것은 내용에 따라 달라져야 합니다. 1번 문장은 자신을 흰색에 비유하는 문장은 밝은 느낌이기에 어미 끝을 올려 말하는 것이 좋고, 2번 문장은 자신의 힘든 부분에 대해 말하고 있기 때문에 진중한 느낌을 주기 위해 어미 끝을 내려서 말하는 것이 좋습니다. 그러면 연결어미와 종결어미를 내리거나 올려서 말해볼까요? 그리고 자신의 목소리를 녹음해서 한번 들어보세요.

흰색은 (↗) 다른 색과 잘 섞이고 (↗) 그 색을 (↗)

밝게 만들어주는데요. (↗)

동아리 리더를 (↘) 처음 맡다 보니, (↘) 힘든 점이 (↘)

참 많았습니다. (↘)

어떻게 높낮이를 다르게 해서 말하느냐에 따라 다른 느낌이 들죠? 그래서 진정성을 전달하는 데 높낮이를 다르게 해서 말하는 것이 중요합니다.

1. 제가 이 학교에 입학한다면 학교를 빛내는 인재가 되겠습니다.

2. 고등학교 1학년 때 열심히 공부하지 않은 것이 후회됐습니다.

위의 문장의 어미의 높낮이는 어떻게 하는 것이 좋을까요? 1번 문장은 포부를 드러내는 문장이기 때문에 끝을 올려 상승조로 말하는 것이 좋고, 2번 문장은 후회됐다는 것을 말하고 있기에 끝을 내려 하강조로 말하는 것이 진정성을 잘 표현하는 방법입니다.

1. 제가 (↗) 이 학교에 입학한다면 (↗)

   학교를 빛내는 인재가 되겠습니다.(↗)

2. 고등학교 1학년 때 (↘) 열심히 공부하지 않은 것이 (↘)

   후회됐습니다.(↘)

② 중요한 단어 올리기

중요하게 강조하고 싶은 단어를 조금 높여서 말한다면, 전달력을 더욱 높일 수 있습니다. "저는 열정과 가능성이 있습니다"라고 말할 때, 열정과 가능성이란 단어가 중요하기 때문에 열정과 가능성이란 단어를 조금 높여서 말하는 것이 좋습니다. 다음 예문을 활용해 중요한 단어를 올려서 강조해봅시다!

저는 **열정** (↑) 과 **가능성** (↑) 이 있습니다.

저는// **흰색** (↑) 같은 사람입니다. / **흰색**은 (↑) 다른 색과 잘 **섞이고,** (↑) //

그 색을 **밝게** (↑) 만들어주는데요./ 저도 **흰색**처럼 (↑) // 사람들과 잘 **어울리고**, (↑) / 분위기를 **밝게** (↑) 만들어주는 사람입니다./

5) 장음 강조법

장음 강조법은 한음을 길게 늘려 말하는 강조법으로 전달력을 높이고 진정성을 전달하는 데 도움이 됩니다.

저는// 흰~색 같은 사람입니다./ 흰색은 다른 색과 잘~ 섞이고,// 그 색을 밝게 만들어주는데요./ 저도 흰~색처럼// 사람들과 잘~ 어울리고,/ 분위기를 밝~게 만들어주는 사람입니다./

물결 표시(~)를 해준 부분을 늘려서 장음으로 말한다면 훨씬 말의 생동감이 느껴지기 때문에 전달력이 높아집니다.

위에서 5가지 강조법 멈춤, 강약, 속도, 높낮이, 장음 강조법을 배웠는데요. 강조법을 한 가지씩만 활용하는 것이 아니라 여러 가지 강조법을 함께 활용할 때 더 효과적입니다. 그럼 앞에서 배웠던 5가지의 다양한 강조법을 모두 적용해서 말해봅시다!

저는// **흰~색** 같은 사람입니다./ **흰색**은 다른 색과 잘~ **섞이고**,// 그 색을 **밝게** 만들어주는데요./ 저도 **흰~색**처럼// 사람들과 잘~ **어울리고**,/ 분위기를 **밝~게** 만들어주는 사람입니다./

실전 면접에서 5가지 강조법을 다양하게 활용해 여러분의 진심을 잘 전달해보세요!

PART 4

대입 면접이 쉬워지는
스피치 공식이 있다!

마인드 컨트롤 하는
6가지 방법

요즘 발표 불안, 무대 공포증을 겪고 있는 사람들이 많습니다. 여러 가지 원인이 있겠지만, 그중 대표적인 원인으로 소심하고 예민한 성격, 과거의 나쁜 발표에 대한 기억, 준비와 경험 부족, 낮은 자존감, 그릇된 신념 등이 있습니다.

실전 면접에서 실력 발휘를 제대로 하기 위해서는 마인드 컨트롤이 중요합니다. 앞서 말했듯이 면접에서 눈맞춤, 제스처, 표정 등 시각적 요소가 중요한데, 많이 긴장하면 이런 것들이 부자연스러워지기 때문에 자신의 역량과 잠재력을 드러내는 데 큰 걸림돌이 될 수 있습니다. 마치 자동차의 브레이크를 밟으면 움직이지 못하는 것처럼 극도의 긴장감과 불안감은 자신의 모든 기능에 브레이크를 밟는 것과 같은 것입니다. 그렇게 되면 머릿속이 하얀 백지장처럼 되어 준비한 것들을 하나도 보여 주지 못할 수 있습니다.

운동선수들이 올림픽 대회에서 마인드 컨트롤을 하는 모습을 본 적이 있을 것입니다. 선수들은 음악을 듣거나 가볍게 스트레칭을 하거나 기도를 하는 것 등을 통해 최상의 컨디션으로 경기를 치를 수 있도록 노력합니다. 김연아 선수는 금, 은, 동메달 색깔에 연연하기보다는 '최선을 다해 잘하는 것이 중요하다'고 생각한다고 합니다. 그리고 '실수 없이 잘할 수 있을까?'라는 걱정을 하지 않도록 연습을 완벽하게 하고, 철저히 준비하며, 실수에 대해 자책하기보다는 빨리 제자리를 찾고, 현재에 몰입하기 위해 노력한다고 합니다.

면접에서 자신의 역량과 잠재력을 최대한 긍정적으로 보여주기 위해서는 마인드 컨트롤이 중요합니다. 면접에서 어떻게 마인드 컨트롤 하면 좋은지 6가지 방법을 알려드리겠습니다.

1) 나는 면접이란 프로그램의 MC다!

'면접자는 MC? 게스트?' 어느 쪽이라 생각하나요? 게스트라고 생각하는 학생들도 있겠지만, 학생들은 면접에서 MC의 역할을 해야 합니다. 이 말은 면접장의 분위기를 기분 좋게 이끌어가는 능동적이고 적극적인 사람이 되어야 한다는 것입니다. 자신이 면접관에게 평가받고 있다는 객관적 사실에만 너무 연연한다면, '내가 이런 말을 해서 불합격되면 어떻게 하지?'라는 생각에 더욱 불안하고 긴장될 것입니다. 하지만 '평가를 받지만, 재치 있는 답변으로 이 분위기를 밝게 만들어야지'라는 마음으로 MC처럼 소통한다면 좋은 결과를 얻을 수 있을 것입니다.

오디션 프로그램에서 좋은 평가를 듣는 사람은 무대를 즐기는 사람일 것입니다. 오디션 참가자들은 평가를 받지만, 좋은 평가를 받는 참가자들은 '내가 이 자리를 어떻게 즐겁게 만들 것인가?'에 대한 것을 고민합니다. 학생들은 면접에서 평가받는다는 사실에 집착하기 시작하면 면접관들이 무섭게 느껴져 긴장되고 불안하겠죠? 평가를 받는 것에 집중하는 것이 아니라 자신의 모습을 솔직하게 보여주면서 편안하게 소통하며 대화하는 것에 집중해야 합니다.

2) 면접관은 내게 길을 묻는 사람이다! – 이미지 연상 기법

만약 누군가 길을 물어봤다면, 어떻게 알려줘야 호감을 얻을 수 있을까요? 웃으면서 "네, 100m 정도 직진하신 다음 바로 좌회전하시면 찾을 수 있을 거예요"라고 말한다면, "친절하게 알려줘서 고마워요"라는 말을 들을 수 있을 것입니다.

면접관은 우수한 인재를 가려내기 위해 학생들을 더 자세히 알고 싶어 궁금한 점을 묻는 사람입니다. 면접관이 길을 묻는 사람이라고 생각하고, 친절하게 웃으면서 묻는 길을 자세하게 알려준다는 생각으로 면접에 임한다면 면접관에게 호감을 줄 수 있을 것입니다. 길을 잘 찾도록 돕기 위해서는 약도처럼 머릿속에 이미지를 잘 그려주는 것이 중요합니다. 그래서 여러분들의 경험 스토리를 활용해 구체적으로 묘사해 설명하는 것이 좋습니다.

학생들이 친구들과 친해지는 과정을 보면 서로 공감할 수 있는 마음 속의 고민과 걱정들을 말하며 친해집니다. 상대방의 마음의 문을 열기 위해서는 먼저 마음의 문을 열고 다가서려는 노력이 필요합니다.

만약 학생들이 면접관에게 적대적이고 불편한 마음을 갖는다면 호감을 줄 수 있을까요? 면접관을 '내 이야기에 귀 기울여주고 공감해주는 사람, 나를 도와주는 친절하고 호의적인 사람'이라고 생각하며 마음의 문을 열고 먼저 다가서려는 노력이 필요합니다.

3) 나는 나를 믿는다! – 긍정 확언 연습하기

면접에서 중요한 것은 자신감, 즉 스스로 믿는 마음입니다. 중요한 순간 스스로 믿기 위해 자신에게 던지는 주문을 만들어 반복적으로 말한다면 자신감이 향상될 수 있습니다. 내면과의 대화로 자신을 칭찬해주고 믿는다면, 면접 직전 긴장되고 불안한 마음이 누그러질 것입니다.

떨리고 긴장하면 당연히 면접을 잘 볼 수 없겠죠. 많은 학생들이 떨기 때문에 마인드 컨트롤을 잘하는 것이 경쟁력이 될 수 있습니다. 만약 '인생이 걸린 만큼 정말 잘해야 해'라고 생각하면 마음에 부담이 가고 힘이 들어가서 제대로 실력을 발휘하지 못하게 됩니다. '평소대로 하자. 최선을 다하고 결과는 하늘에 맡기자'라는 생각으로 자신을 믿고 마음을 비운 상태로 면접에 임하는 것이 좋습니다.

'내가 하는 말이 곧 나의 삶이 된다'라는 말이 있습니다. 내면에 어떤 말을 하느냐에 따라 삶이 달라질 수 있기 때문에 긍정적인 말을 자신에게 하는 것이 중요합니다. 그래서 면접 자신감 향상을 위해 매일 긍정 확언 연습이 도움이 되는데요. 다음의 긍정 확언을 노트에 적어 잘 보이는 곳에 붙여놓고, 일어난 뒤, 자기 전에 소리 내 읽어보는 습관을 가져보는 건 어떨까요?

【 긍정 확언 연습 】

- 나는 나를 믿는다.
- 나는 나를 사랑한다.
- 나는 과정을 즐긴다.
- 나는 잘할 수 있다.
- 나는 자신감이 넘친다.
- 나는 매력적인 사람이다.
- 나는 행복한 사람이다.
- 나는 사랑받고 있다.
- 나는 최선을 다한다.
- 나는 사랑을 주는 사람이다.
- 나는 모든 순간에 감사한다.
- 내게는 좋은 일만 일어난다.
- 매 순간이 감동의 연속이다.

실습) 자신의 긍정 확언 문장을 만들어볼까요?

4) 현재에 집중해라!

'실수하면 어떡하지?', '떨어지면 어떡하지?' 등의 생각에 빠져 있으면, 더 부정적인 결과를 낳을 수 있습니다. 심리학에서 월렌다 법칙이라는 것이 있는데, 실패에 대한 걱정이 많을수록 실패할 확률이 높다는 것입니다. '걱정을 해서 걱정이 없으면 걱정 없겠네'라는 말이 있듯이 미래에 일어나지도 않을 일을 미리 걱정하는 것은 시간과 마음 에너지 낭비이며, 문제를 더 크게 만들 수 있습니다.

또한, 면접을 볼 때 질문에 제대로 답하지 못한 것을 자책하거나 '이번 면접 망친 것 같아'라며 지나간 순간에 대해 후회한다면, 면접에 집중하지 못해 알고 있는 질문에서도 제대로 답하지 못할 가능성이 높습니다. 김연아 선수도 큰 무대에서 실수로 넘어졌을 때 아무 일 없었다는 듯 다시 일어나, 다음 연기를 자연스럽게 이어나갑니다. 실수해서 감점을 받았더라도 다음 어려운 연기들을 잘 해낸다면, 가산점을 받을 수 있기 때문이죠. 그리고 순간순간 최선을 다한 연기가 무엇보다 아름답고 많은 사람들에게 감동을 줄 것입니다. 면접에서 지나간 실수에 대해 후회하거나 집착하기보다는 '다음 질문 답변에서 가산점을 받으면 된다. 끝까지 최선을 다해보자'라는 마음으로 현재에 집중하며 최선을 다하는 것이 면접을 잘 볼 수 있는 비결입니다.

5) 준비와 연습으로 긍정적 경험을 쌓아라!

몇 년 전, 저는 생굴을 먹고 장염에 걸려 일주일간 고생한 경험이 있습니다. 그래서 굴을 한동안 먹지 못했지만, 지금은 굴을 잘 먹습니다. 어떻게 굴을 다시 먹게 됐을까요? 굴을 생굴이 아닌 계란에 노릇하게 부친 굴전으로 먹고 난 뒤 굴에 대한 부정적인 인식이 사라지게 된 거죠. 이렇게 어떤 음식을 먹고 체하거나 식중독에 걸린 적이 있다면, 나쁜 기억 때문에 그 음식을 먹지 않을 가능성이 높습니다. 그 음식을 계속 먹지 않는다면, 나쁜 기억은 강화되는 습성이 있기 때문에 그 고통은 더 커질 것이고, 그 음식을 평생 못 먹게 될 수도 있습니다. 특정 음식을 맛있게 먹은 긍정적인 경험이 생겨야 과거의 나쁜 기억을 지울 수 있는 것이죠. 즉, 긍정적인 경험이 반복되어야 과거의 나쁜 기억이 사라지게 됩니다.

여러분들이 많은 사람들 앞에서 말할 때 제대로 하지 못해서 창피당했던 경험이 있다면, 면접에서 불안감과 긴장감이 더 심할 것입니다. 면접에 대한 부정적인 생각을 없애기 위해서는 긍정적인 경험을 많이 하면서 인식을 바꾸는 것이 중요합니다.

두려움이란 실체를 모르기 때문에 막연히 생기는 경우가 많습니다. 자신감을 향상시키기 위해서는 두려움을 안고 묵묵히 걸어가는 것이 중요합니다. 만약 두려움이란 자루가 무겁다면 자루를 짊어지려는 시도조차 하지 않게 되겠죠? 이때 두려움 자루의 무게를 좀 더 가볍게 해서 들면 됩니다. 즉, 실력을 쌓지 않고 모의 면접만 계속 보는 것은 오히려 자신감을 해치고 걱정과 불안만 키울 수 있습니다. 그래서 평소에 면접 질문에 대해 고민하며 답을 만들어 연습하고, 단계적으로 실력을 쌓아나간 뒤 모의 면접을 해보는 것이 좋습니다. 즉, 자신이 성공할 만한 작은 도전을 하는 것이 중요합니다. 두려움 자루에는 작은 구멍이 나 있기 때문에 묵묵히 길을 걸어가면 두려움 자루는 가벼워진답니다. 자신감은 하루아침에 생기는 것이 아니라 두려움 자루가 다 비었을 때 저절로 자리 잡는 거죠. 이 장에서 면접의 스피치 공식을 배워서 실력을 쌓은 뒤 모의 면접에 도전하면서 긍정적인 경험을 많이 쌓는다면 면접에 대한 걱정과 불안 대신 자신감이 저절로 자리잡게 될 것입니다.

6) 생생하게 꿈꿔라!

$$V + D = R이다.$$

이 말은 『꿈꾸는 다락방』이란 책에 나오는 꿈의 공식입니다. 즉, 'V - vivid 생생하게', 'D - dreaming 꿈꾸면', 'R - realization 현실로 이뤄진다'는 말입니다. 여러분이 면접을 잘 보고 싶다는 것을 생생하게 구체적으로 상상할수록 그것이 현실로 이뤄질 확률이 높아지겠죠? 면접을 잘 보는 미래의 모습을 생생하게 구체적으로 상상해 하나씩 적어볼까요? 예를 들면, '면접관과 당당하게 눈을 맞추고 있다. 시선을 자연스럽게 이동한다. 눈맞춤을 하며 미소를 지으며 말하고 있다.' 이런 식으로 구체적으로 면접을 보는 상황과 자신이 원하는 모습을 상상해 적어봅시다!

【 면접 상황을 구체적으로 상상하기 】

1.

2.

3.

4.

5.

6.

7.

8.

9.

10.

여러분이 적은 것을 보면서 매일 눈을 감고 머릿속으로 그 장면을 구체적으로 생생하게 상상하는 연습을 해봅시다! 이 연습을 매일 한다면 꿈이 상상으로 그치는 것이 아니라 현실로 이뤄질 가능성이 점점 높아질 것입니다.

면접 스피치 기본 공식
– PREP 법칙

면접을 어려워하는 학생들에게 물어보면 "어떻게 대답할지 모르겠어요"라고 답하는 학생들이 많습니다. 머릿속에 생각이 많은데 정리되지 않아서 먼저 어떤 말부터 꺼내야 할지 막막해 하는데요. 수학 문제를 풀 때 공식이 있으면 어려운 문제를 쉽고 빠르게 풀 수 있는 것처럼 면접 스피치에도 공식이 있다면 말하기 어렵지 않겠죠? 이 장에서는 면접 스피치 공식을 활용해 답변을 쉽게 할 수 있는 꿀팁을 실제 학생들의 답변을 예시로 활용해 알려드리겠습니다. 예시를 참고한 뒤 여러분의 답변을 직접 작성해본다면 면접 자신감이 쑥쑥 자랄 거예요!

먼저 면접 답변에서 가장 기본적이고 유용하게 쓸 수 있는 스피치 법칙으로 PREP 법칙이 있습니다. PREP 법칙은 Point(결론), Reason(이유), Example(예시), Point(결론 + 포부) 순으로 답변하는 것입니다.

이때 첫 문장인 Point는 짧고 명료하게 핵심만 말하는 것이 좋습니다. Reason은 특별한 이유가 있으면 덧붙여 말하는 것이 좋지만, 누구나 답변할 만한 뻔한 이유라면 생략하는 것이 좋습니다.

예를 들면, "취미가 무엇입니까?"라는 질문에 아래와 같이 말한다면 뻔한 이유이기 때문에 식상한 답변이 됩니다.

P - 제 취미는 독서입니다.
R - 생각을 더 깊이 할 수 있기 때문입니다.

P - 제 취미는 운동입니다.
R - 건강한 체력을 갖기 위해 운동을 합니다.

인성 면접 시간이 대부분 5~10분 정도이기 때문에 뻔한 답변을 길게 말한다면 자신을 PR할 기회를 그만큼 놓치게 되는 것이죠. 또한, 한 질문에 대해 1분 이내로 답하는 것이 좋습니다.

여러분은 자신의 이야기를 길게 말하는 친구들을 보면 어떤 느낌이 드나요? 경청하기가 힘들어지고, 상대방에 대한 배려가 없고 자기중심적이라는 생각이 들지 않나요? 마찬가지로 면접관도 대답이 길어지면 경청이 어려워지고 학생에 대한 호감을 갖기 어렵겠죠. 면접관이 학생의 답변이 길어지는 경우 "됐습니다"라고 하며 말을 끊는 경우도 있습니다. 면접관이 말을 끊는다면 무척 당황스럽겠죠?

만약 "좌우명이 무엇인가요?"라는 면접 질문에 답변을 "제 좌우명은 '매사에 최선을 다하자'입니다."라고 짧게 답한다면 어떨까요? 답변이 너무 짧으면, 성의 없고 열정이 부족하다는 인상을 줄 수 있습니다. 면접에서는 제한된 시간을 활용해 핵심을 간결하고 임팩트 있게 말하는 것이 중요합니다. 그래서 E - Example 예시를 말할 때 자신의 차별화된 직간접 경험 스토리를 활용해 구체적으로 말하는 것이 중요합니다.

PREP에서 P와 R 부분은 한 문장으로 E는 8문장 이내, 마지막 P는 한 문장으로 답변해 1분 이내로 답변을 만드는 것이 좋습니다. 특히, 마지막 Point에서는 다시 한번 자신의 결론을 강조하고, 앞으로의 포부, 바람, 계획을 말합니다. 이때 포부와 바람, 계획의 답변은 대학과 전공, 자신의 꿈과 연결시켜 답변하는 것이 좋습니다.

여러분들은 예기치 못한 선물이나 편지를 받았을 때 감동스럽죠? 면접에서도 예기치 못한 반전의 답변을 해야 기억에 남고 감동을 줄 수 있습니다. 뷔페 음식을 먹으면 어느 정도 다 맛있기 때문에 가장 맛있는 음식 한 가지를 꼽으라면 어렵죠? 면접을 보러 많은 지원자들이 몰리기 때문에 그중에서 면접관의 인상에 남기 위해서는 차별화된 답변이 중요합니다. 누구나 답할 수 있는 예측 가능한 뻔한 답변을 한다면 기억에 남지 않겠죠. 면접은 뻔한 질문에 뻔하지 않은 답변을 하는 것이 중요한데, 그러기 위해 어떻게 해야 할까요? 학생부를 바탕으로 자신의 스토리를 활용해 말하는 것이 중요합니다.

1) 왜 스토리가 중요한가?

요즘 광고들은 상품의 기능에 대한 설명이 아닌 스토리로 브랜드의 이미지를 만드는 스토리텔링 광고들이 대부분입니다. 너무 좋은 상품들이 넘치는 시대이기 때문에 소비자들은 상품의 기능이 아니라, 이미지와 가치를 보고 상품을 선택하게 되는 것이죠. 정을 나누는 '초코파이', 열심히 일하고 피로한 나에게 주는 선물 '박카스' 등은 스토리텔링 광고로 성공한 사례입니다. 상품에 스토리를 입혀 이미지를 만들고, 소비자는 상품의 브랜드에 호감 가는 제품을 구매합니다. 마찬가지로 여러분도 지원하는 학교에 맞는 인재라는 긍정적인 이미지를 줄 수 있도록 각자 개성이 담긴 브랜드를 만들어 스토리텔링을 하는 것이 중요합니다. 그래서 결과 중심으로 "이러이러한 활동을 했습니다"라고 나열식이 아니라, 자신의 몇 가지 스토리를 뽑아서 동기와 과정을 구체적으로 말하는 것이 중요합니다.

2) 구체적이고 명확한 진로 설정을 해라!

구체적인 진로 희망을 물어보면 "잘 모르겠어요"라고 답변하는 학생들이 많습니다. 면접은 자신을 PR해 설득하는 과정인데, 나 자신에 대한 확신이 없으면 다른 사람을 설득할 수 없겠죠? 면접에 답변을 잘하기 위해서는 스스로에 대한 근본적인 질문이 필요합니다. 소크라테스가 "너 자신을 알라"고 말한 것처럼, 자아 성찰하며 자신을 잘 아는 것이 면접에 임할 때 필요한 준비 자세입니다. 자신에 대해 제대로 알지 못하고 깊게 생각하지 않는다면 진정성 있는 답변이 나오기 어렵습니다. '나의 꿈은 뭘까?', '내가 왜 이 진로를 꿈꾸었는가?', '이 진로를 꿈이 아닌 현실로 만들기 위해 어떤 노력을 기울여야 할까?'에 대해 내면에 질문을 던져보며, 구체적인 나만의 답변을 찾아보세요. 이 글을 읽고 있는 여러분이 고등학교 3년간 지내온 삶의 이야기들과 그 경험을 통해 깨달은 점을 말하는 것이 면접이기 때문에 오랜 시간 고민하며 답변을 생각해야 합니다. 이러한 과정들은 대입 면접을 위해서 뿐만 아니라 스스로 인생의 주인공이 되어 성숙한 인생을 살아가는 데 큰 도움이 될 것입니다.

대입 면접에서 가장 많이 물어보는 질문이 "왜 이곳에 지원했나요? 지원하기 위해 어떤 노력을 했나요?"입니다. 그래서 구체적이고 명확한 진로 희망을 설정해 자신을 브랜드로 만드는 것이 중요하며, 그 목표를 이루기 위해 노력한 스토리를 활용해 답변하는 것이 좋습니다.

고등학교 1, 2, 3학년 때의 진로 희망이 하나로 통일되어 있다면 꿈에 대해 명확히 말할 수 있을 것입니다. 하지만 진로 희망이 분명하지 않으면 면접에서 답을 일관성 있게 말하지 못할 것이고, 학생의 차별화된 강점을 드러내기 어렵겠죠?

그러면 자신을 차별화된 브랜드로 만들기 위해서는 어떻게 진로 희망을 설정하면 좋은지 예를 들어 설명해보겠습니다.

P : 저는 BBC에서 다큐멘터리를 만드는 PD가 되고 싶습니다.

R : BBC는 세계 공영방송의 전형적인 모델로 다큐멘터리에 특화되어 있고, 수준 높은 기획을 바탕으로 고급 콘텐츠를 전달합니다.

E : BBC 다큐멘터리 중 2014년에 3부작으로 방영했던 <히든 킹덤>을 가장 인상 깊게 보았습니다. 인간들의 눈에 띄지 않는 작은 동물들의 세상을 보여주는데 미국의 소노란 사막의 메뚜기쥐가 가는 곳마다 포식자들을 피해 도망 다니며, 힘든 삶을 사는 모습이 인상적이었습니다. 이렇게 쉽게 의식하지 않는 작은 동물들의 세상뿐만 아닌 우주나 대자연의 모습을 보다 아름답고 폭넓은 시각으로 볼 수 있게 되었습니다.

P : 저는 BBC에서 생생한 자연 다큐멘터리를 통해 자연과 인간이 조화를 이루며 공존해 살아가는 세상을 만들기 위해 노력하는 PD가 되고 싶습니다.

위의 학생은 PD 중에서도 BBC 다큐멘터리를 제작하는 PD가 되고 싶다고 말하고 있습니다. PD가 되고 싶어 하는 학생은 많지만, 그중에서도 BBC 다큐멘터리를 제작하는 PD가 되고 싶다는 학생은 몇 명이나 될까요? 아마도 많은 학생들 중 손가락 안에 들겠죠? 이렇게 명확하고 구체적인 진로 희망을 설정하면 다른 학생들과 자신을 차별화시키며 브랜드로 만들 수 있습니다.

자신의 진로 희망을 좁혀서 구체화했다면 해당 진로 분야에서 현재 근무하고 있는 사람들의 이야기에 귀 기울이면서 어떻게 진로 희망을 실현할 수 있을지 구체적으로 조사해야 합니다.

인터넷 검색을 통해 현직에 계신 분들의 인터뷰 기사를 찾아보거나 인맥을 활용해 현직에 계신 분을 직접 찾아가 인터뷰할 수도 있겠죠? 또한, 누구나 알고 있는 정보가 아니라 진로 분야에 대해 진지하게 고민했고, 그 꿈을 이루기 위해 체계적인 계획을 세워 지금까지 노력해왔다는 것을 면접을 통해 증명할 수 있어야 합니다.

실습) 여러분의 구체적인 꿈은 무엇인가요?

3) 어떤 스토리를 활용해야 하는가?

면접에서는 '내가 무엇을 했는가?'보다 '내가 누구인가?'에 대한 것이 잘 드러나야 하며, '그것을 잘한다'가 아니라 '그것을 정말 좋아한다'를 스토리로 잘 드러낼 수 있어야 합니다. 여러분들 중 스토리가 너무 많아서 어떤 스토리를 선택해서 말할지 고민되는 학생도 있을 텐데요. 다음의 6가지 스토리를 활용하면 됩니다.

① 진로 희망과 연계된 다양한 역량을 담은 스토리

만약 학생이 교내에서 3년간 의미 있는 활동이 많다면, 어떤 스토리를 면접에서 말해야 할지 고민될 수 있습니다. 이때 자신의 전공 분야에 필요하다고 생각되는 역량이 가장 많이 드러난 스토리를 말하는 것이 좋습니다.

먼저 앞에서 진로 희망을 구체적으로 좁혔다면, 그 희망을 이루는 데 필요한 자질이 무엇인지 10가지 이상 적어봅시다. 예를 들면, PD에 필요한 자질로 열정, 소통 능력, 리더십, 따뜻한 인성, 창의성, 전문성, 도전정신, 성실성, 인내심 등을 나열한 뒤, 이것을 토대로 각각의 자질과 능력을 잘 보여줄 수 있는 스토리를 찾아봅시다. 예를 들면, 'PD라는 꿈을 향한 뜨거운 열정을 보여줄 수 있는 좋은 스토리는 무엇이 있을까?', '도전 정신을 가장 잘 보여줄 수 있는 스토리는 무엇일까?'를 생각해보는 것입니다. 이렇게 각 역량마다 하나씩 스토리를 만들다 보면 10개 이상의 스토리가 나오겠죠? 이때 한 가지 스토리 안에 다양한 역량이 드러난 것이 좋은 스토리입니다.

저는 고등학교 3년 내내 PD의 꿈을 갖고 방송부에서 활동했습니다. 특히, 3학년 때 방송부에서는 축제를 앞두고 동아리 소개 영상 제작을 맡게 됐는데요.

저희는 재미있는 영상 제작을 하고 싶었지만, 선생님께서는 객관적인 정보 전달에 중점을 두라고 하시며, 저희 동아리원들의 의견을 반대하셨습니다.

저희 방송부는 머리를 맞대고 재미와 정보 모두 줄 수 있는 영상을 함께 고민했고, 선생님을 설득해 동아리 회장 소개, 동아리 정보, 인터뷰를 담은 참신한 영상을 제작해 칭찬을 받았습니다. 이를 통해 의견 대립이 있을 때 한마음으로 소통한다면 창의적인 아이디어로 더 좋은 결과를 만들 수 있다는 것을 깨달았습니다.

위 학생은 진로 희망이 PD였습니다. PD로서 중요한 자질인 소통 능

력을 드러내기 위해 방송부 활동을 하며 일어난 스토리를 활용했는데,
이 스토리에 학생의 역량이 느껴집니다. 선생님과 동아리 홍보 동영상
의 의견 차이가 있을 때 합의점을 찾기 위해 재미와 정보를 모두 줄 수
있는 방안에 대해 함께 머리를 맞대고 고민했고, 동아리 회장 소개, 동
아리 정보, 인터뷰를 담은 참신한 영상을 만들었다는 스토리에서는 문
제 해결 능력과 협력을 실천하는 따뜻한 성품이 느껴집니다. 또한, 동아
리 정보, 인터뷰를 담은 참신한 영상으로 칭찬받았다는 스토리를 통해
서 창의적이고 열정적인 학생으로 미래의 PD로서 적합한 자질과 역량
을 갖고 있고, 발전 가능성이 뛰어난 학생이라 생각됩니다.

② 4차 산업혁명 시대 - 4C 역량을 담은 스토리

4차 산업혁명 시대에 필요한 인재는 지식을 활용하고 응용할 수 있는
창의 융합적 역량을 갖춘 인재입니다. 앞으로 지식보다 역량이 중요한
시대로 그중 4C 역량을 갖춘 인재를 선호합니다. 4C 역량이란 비판적
사고력(critical thinking), 창의력(creativity), 소통 능력(commuication skill), 협
업 능력(collaboration)을 말하는데, 이 4C 역량을 두루 보여줄 수 있는 스
토리를 활용하는 것이 좋습니다. 한 가지 역량만 드러내는 것에 집중하
기보다 차별화된 창의 융합적 역량을 보여줄 수 있는 스토리를 찾아보
는 것이 좋습니다.

한국 지리 시간에 '건강한 교실 만들기' 프로젝트를 진행하며, 아두이노
기술을 활용한 스마트 팜에 대해 관심을 갖게 되었습니다. '교내 미세먼
지는 어떨까?'라는 호기심으로 아두이노 측정기를 직접 만들어 공기청

정기 유무, 환기 여부, 화분 6개가 있는 반으로 6개 학급의 환경을 다르게 설정해, 2시간마다 8시부터 4시까지 3일간 학급 미세먼지 농도를 측정해보았습니다. 그 결과, 공기청정기가 없고, 환기도 안 한 반의 미세먼지 농도는 공기청정기와 환기를 모두 시킨 반보다 8배 정도 높았습니다. 이 결과를 전교생과 공유하며 교내 환경 개선의 중요성에 대해 홍보하는 활동을 진행했습니다. 이를 통해 기술을 바탕으로 데이터를 분석하고 의미를 도출해 공유하는 것이 문제 해결의 열쇠가 될 수 있다는 것을 깨닫게 되었고, 기술과 데이터의 효과적 활용 방안에 대해 구체적으로 고민해보게 되었습니다.

위의 학생은 아두이노 측정기를 활용해 학급 미세먼지를 측정하는 활동을 친구들과 진행했고, 그 결과를 전교생과 공유하며 교내 환경 개선 캠페인을 벌였다고 말하고 있습니다. 학생의 4C 역량이 드러나는 좋은 스토리죠?

③ 지속성, 협업, 도전 정신 스토리

이 밖에도 단기간의 활동보다는 지속적으로 오랜 시간 동안 활동했던 스토리를 선택하는 것이 진정성을 돋보이게 만드는 좋은 스토리입니다. 또한, 동아리나 팀 프로젝트 활동, 연구, 토론 등 진로와 관련 분야의 심화 지식을 다수의 사람들과 함께 협업하며 배우고 깨달았던 스토리, 힘든 과정을 도전 정신을 갖고 극복하며 많이 배우고 성취감을 느낀 경험 등을 스토리로 활용하는 것이 좋습니다.

유아 교육 동아리를 통해 교사로서의 역량을 성장시킬 수 있었습니다. 그중 가장 기억에 남는 활동은 두 달 동안 창작 색종이 동화책도 함께 제작해본 것입니다. 동화책 내용은 바닷속 생물 유치원생들이 보물찾기를 하다가 오징어가 팔찌를 잃어버렸는데, 친구들이 오징어를 위해 자신이 가진 팔찌 구슬을 하나씩 빼서 새 팔찌를 만들어 선물한다는 것이었습니다. 색종이로 세세히 표현하는 것이 어려워 수많은 시행착오를 거쳤지만, 그러한 과정 덕분에 다양한 색종이 접기 방법을 개발할 수 있었습니다. 그 뒤 학교 축제에서 동화책을 전시하고 동화 구연을 하는 시간도 가졌는데, 친구들의 칭찬과 격려를 들었을 때 큰 성취감을 느꼈습니다.

위의 학생은 유아 교육 동아리 활동 중 두 달간 친구와 함께 색종이 동화책을 창작했던 경험을 말하고 있습니다. 이것을 축제 때 전시하고 동화구연도 했다는 스토리를 통해 소통과 협업 능력, 도전 정신을 모두 엿볼 수 있죠?

④ 다양한 비교과 영역의 스토리

가장 많이 활용하는 창의적 체험 활동(자율 활동, 동아리 활동, 봉사 활동, 진로 활동) 이외에도 수상 실적, 세부 능력 및 특기 사항, 독서 활동, 행동 특성 및 종합 의견 등을 활용한 스토리도 자신을 PR할 수 있는 좋은 스토리가 될 수 있습니다. 정형화된 고정 관념의 틀에서 벗어나 다양한 비교과 영역의 활동을 스토리로 활용해보세요.

사회 참여 발표 대회를 통해 '세상을 변화시키는 힘은 생각을 행동으로 옮기는 사회적 참여'임을 배웠습니다. 여성을 겨냥한 범죄가 늘고 있는 상황에서 여성 안전 정책을 조사했고, 그중 '여성 안심 귀가 서비스 활성화 방안'을 주제로 활동을 계획했습니다. 여성 안심 귀가 서비스 인식에 대한 설문 조사를 15일간 진행하면서 홍보 방법이 뉴스와 책자로 미흡하다는 것을 알게 됐는데요. 그래서 서비스를 활성화시키기 위해 홍보 동영상을 제작했고, 긴급 전화 목록에 1366을 추가해 서비스의 접근성을 높이고, '안심이' 앱의 오류를 줄였으면 좋겠다는 해결책을 국민 신문고에 제안했습니다. 이 활동을 통해 시대의 흐름을 읽고 관심 있는 것부터 도전한다면 사회적 변화를 이끌 수 있다는 것을 깨달았습니다.

위의 학생은 사회 참여 발표 대회를 스토리로 활용해 다양한 역량을 보여주고 있습니다. 설문 조사를 통해 홍보가 미흡하다는 것을 인식해 홍보 동영상을 직접 제작했고, 국민 신문고에 서비스의 접근성을 높이기 위한 방법까지 제안했다는 스토리를 통해 열정적이고 진취적인 학생이라 느껴집니다.

⑤ 특별한 경험 스토리

누구나 경험해보지 못한 특별한 경험들이 있다면 그 자체로도 깊은 인상을 줄 수 있겠죠? 예를 들면, 교대를 지원했던 한 학생이 축제 때 혼자 무대에 나가 학교 선생님 성대모사를 해서 친구들에게 큰 웃음을 주었던 경험이 있었다고 말했는데요. 저는 이 스토리가 무척 인상 깊었습니다. 그 학생은 평소 내성적인 학생이었는데 전교생이 보는 무대 앞에서 성대모사를 한다는 것은 큰 도전이었겠죠? 아직 특별한 경험이 없다면, 도전으로 차별화된 스토리를 만들어보세요!

지구 과학 시간에 <투모로우>라는 영화를 본 뒤, '기후 변화가 의상에 미치는 영향'에 대한 보고서를 작성했습니다. 이후 학생들의 환경에 대한 인식 변화를 이끌고 싶어 미술 동아리에서 특별한 부채를 만드는 활동을 했습니다. 부채에 찌그러진 차의 매연, 에어컨 옆에서 죽어가는 북극곰 등의 이미지를 넣어 더위로 고생하는 반 친구들에게 선물했는데요. 그 후 실제로 에어컨 사용이 줄어드는 것을 보며 창의적 넛지 디자인이 변화를 이끌 수 있다는 것을 깨달았습니다.

위의 학생은 환경 인식 변화를 이끌기 위해 경각심을 갖게 만드는 특별한 부채를 만든 스토리를 말하고 있습니다. 이러한 경험은 경험 자체가 특별하기에 한 번 들으면 스토리가 기억에 많이 남겠죠?

⑥ 행동 변화에 영향을 준 스토리

누구나 경험은 했지만, 큰 깨달음을 얻어 행동 변화에 영향을 준 스토리가 있을 것입니다. 예를 들면, 한 학생이 반에서 '칭찬 저금통'이라는 이벤트를 진행했던 적이 있었다고 합니다. 친구들에게 칭찬의 말을 쪽지에 적은 뒤 저금통에 넣어 마음을 전하는 이벤트였는데요. 그 학생은 칭찬의 말을 먼저 전하며 교우 관계도 좋아졌고 긍정적으로 변화되었다고 말했습니다. 교내에서 같은 활동을 했지만 배우고 느낀 점, 깨달은 점은 다를 수 있습니다. 어떤 활동이 자신의 행동 변화에 큰 영향을 미쳤는지 생각해보세요!

또래 멘토링을 하면서 저는 공부 방식을 바꾸게 됐습니다. 수학을 좋아해서 친구들에게 수학 멘토링을 하게 됐는데, "잘 모르겠어. 이해가 잘 안 돼"라고 말하는 친구들이 많았습니다. 제 설명 방식에 문제가 있다고 생각해 '어떻게 하면 친구들에게 더 쉽게 설명할 수 있을까?'에 대해 고민을 많이 했는데요. 알고 있는 것을 말로 표현하지 못하면 제대로 모르는 것이라는 것을 깨닫고, 책을 덮고 설명하면서 공부했습니다. 이것을 녹음해서 들어보고 제 문제점을 찾을 수 있었습니다. 이러한 연습을 통해 수학 실력도 향상시킬 수 있었고, 또래 멘토링에서도 더 많은 도움을 줄 수 있었습니다.

많은 학생들이 또래 멘토링을 하지만, 위의 학생은 이 경험을 통해 녹음하며 설명하는 방식으로 공부하게 되었다고 말하고 있습니다. 이렇게 자신의 행동 변화에 큰 영향을 준 스토리를 활용한다면 차별화된 스토리가 될 수 있습니다.

스토리를 활용할 때는 위의 6가지와 함께 학생부 종합 전형의 대표적인 4가지 평가 요소인 '전공 적합성, 학업 역량, 인성, 발전 가능성을 가장 잘 보여줄 수 있는 스토리가 무엇인가?'를 함께 생각해보세요!

실습) 위의 6가지를 참고해 면접에서 활용할 수 있는 좋은 스토리를 찾아보세요!

03

PREP 법칙
100% 활용하는 법

실제 합격한 학생이 PREP법칙을 활용해 만든 면접 답변을 예시로 살펴보겠습니다.

Q : 영어 교사란 꿈을 어떻게 갖게 됐나요?

P : 고등학교 생활을 하면서 장 자크 루소의 『에밀』이라는 책을 읽고, 영어 교사의 꿈을 갖게 되었습니다.

R : 교육에 대한 가치관을 갖게 만든 책이었는데요.

E : 이 책은 단계에 맞는 교육 형태를 보여주며, 자연 상태에 가까운 교육이 참된 교육임을 강조합니다. 이 책에 교육의 핵심은 '많은 지식을 주입하는 데 있는 것이 아니라, 명료한 관념을 심어주는 데 있음을 잊지 말라'라는 구절이 있습니다. 교사는 단순히 가르치는 것뿐 아니라 학생의 가치관과 인생에 큰 영향을 미친다는 것을 알게 됐습니다.

P : 이 책을 통해 영문학과 교사라는 직업에 매력을 느껴 영어 교사라는 꿈을 가지게 되었습니다. 저는 지식이 아닌 인생의 지혜를 가르치는 선생님이 되고 싶습니다.

위의 학생은 영어 교사가 되고 싶은 동기를 장자크 루소의 『에밀』이란 책을 읽었던 간접 경험을 토대로 말하고 있습니다. 특히, '많은 지식을 주입하는 데 있는 게 아니라, 명료한 관념을 심어주는 데 있음을 잊지 말라'라는 인상 깊었던 구절을 활용해 임팩트 있게 답하고 있습니다. 여기에서 그치지 않고 교사는 단순히 가르치는 것뿐 아니라, 학생의 가치관과 인생에 큰 영향을 끼친다는 깨달음을 말한 뒤, 지식이 아닌 인생의 지혜를 가르치는 선생님이 되고 싶다는 포부를 말했습니다. 이 답변을 통해 전공과 관련한 책을 읽었다는 점에서 전공 적합성을 보여줄 수 있고, 자기 주도적인 학업 역량을 보여줄 수 있습니다. 또한, 지식이 아닌 지혜를 가르치고 싶다는 포부에서는 미래의 영어 교사로서 발전 가능성과 따뜻한 인성이 느껴집니다.

위 답변을 "저는 장자크 루소의 『에밀』이란 책을 비롯해 많은 교육에 대한 책을 읽으면서 교육에 대해 깊은 관심을 갖게 되었습니다. 또한, 영어 교사의 꿈을 갖고, 영어로 된 원서들도 많이 읽었습니다. 이 경험을 통해 영어 교사란 꿈에 더욱 확신을 가질 수 있었습니다" 이렇게 사실 위주의 나열식 답변으로 말했다면 어떨까요? 『에밀』이란 책에 대한 구체적인 내용이 없고, 영어로 된 원서들이 어떤 책이었는지 제목이나 내용에 관한 언급이 없기 때문에 그 책을 실제로 읽었는지 신뢰감을 줄 수 없습니다. 면접관이 궁금한 것은 책을 읽었던 활동 자체가 아니라, 그것을 통해 배우고 깨달은 점이겠죠? 그리고 학생이 책을 읽은 뒤 어떻게 변화되었는지 관심이 많을 것입니다. 이러한 답변을 통해 학생이 어떤 가치관과 생각을 가졌는지 평가할 수 있기 때문입니다. 책을 많이 읽으려고 노력을 했다는 점에서 학업 역량과 전공 적합성은 엿볼 수 있지만, 계속 대학 와서도 노력할 것이라는 발전 가능성에 대한 부분은 부족합니다. 무엇보다 깨달음과 포부 없이 자신의 역량을 드러내는 데 집중하면 겸손하지 못한 학생이라는 느낌이 들기 때문에 인성 부분에서 좋지못한 평가를 받을 수 있습니다.

실습) PREP 법칙으로 꿈을 갖게 된 계기를 말해볼까요?

1) PREP으로 만든 답변은 만능 간장이다!

몇 년 전, 집밥 요리를 쉽게 알려주는 한 프로그램에서 '만능 간장 소스'를 손쉽게 만드는 법을 알게 됐습니다. 만능 간장은 간장에 고기와 설탕을 넣고 끓여서 만든 것으로 만능 간장을 활용해 달래 간장, 마늘종 볶음, 꽈리고추 볶음 등 다양한 밑반찬들을 짧은 시간에 뚝딱 만들 수 있습니다. 저는 이것을 보고 난 뒤, '이 만능 간장을 어떤 밑반찬에 활용할 수 있을까?'를 고민하며, 감자 볶음, 호박 볶음 등에 응용해 맛있는 반찬을 만들 수 있었습니다.

여러분이 예상 질문으로 답변을 준비하면서 '이 질문이 나와야 하는

데, 실제 면접에서 예상하지 못한 다른 질문이 나오면 어떻게 하지?'라고 고민하고 있을지도 모릅니다. PREP 법칙으로 만든 답변을 만능 간장이라 생각하고, '만든 답변을 어떤 질문에 활용하면 좋을까?'를 생각해보는 것이 중요합니다. 면접 예상 질문에 대해 답변을 PREP 법칙으로 준비해놓고 '이 질문에 대한 답은 이거야'라고 고정적으로 생각하지 말고, 다양한 질문에 응용해서 답할 수 있는 유용한 답변이라고 생각하는 사고의 유연성이 필요합니다. 질문에 대한 답변을 응용하기 위해서는 일단 학생부에 기록된 스토리를 중심으로 답변을 많이 만들어야 하며, 그 답변을 다양한 예상 질문에 적용해보는 연습을 해야 합니다.

2) PREP 법칙의 답변을 진로와 연결시켜라!

다양한 밑반찬에 유용하게 활용할 수 있는 만능 간장을 만들기 위해 아무 재료나 넣으면 안 됩니다. 앞서 말씀드렸듯이 간장에 감칠맛을 더하기 위해 고기와 설탕을 넣고 끓여서 만듭니다. 만능 간장을 만들기 위해 재료가 중요한 것처럼 다양한 질문에 활용할 수 있는 만능 간장 같은 답변을 할 수 있으려면 자신을 잘 드러낼 수 있는 참신한 스토리가 필요합니다. 특히, 학생부 종합 전형의 대표적인 4가지 평가 요소인 전공 적합성, 발전 가능성, 인성, 학업 역량이 잘 드러날 수 있도록 자신의 역량을 스토리에 자연스럽게 녹이는 것이 중요합니다. 면접은 제한된 시간 안에 자신을 PR하는 설득 스피치이기 때문에 아무 생각 없이 즉흥적으로 떠오르는 답변을 말하는 것이 아니라, 면접 질문의 의도를 파악해 진로와 관련된 전략적인 답변을 해야 좋은 평가를 받을 수 있습니다.

예를 들면, 여러분은 "취미가 무엇인가요?"라는 질문에 어떻게 답할 것인가요? 모의 면접에서 취미에 관한 질문을 던졌는데, 전자 공학과에 지원한 한 학생이 "제 취미는 요리입니다. 요리를 만들어 맛있는 먹는 모습을 보면, 행복을 느끼기 때문입니다"라고 답했습니다. 면접 질문에 바로 생각나는 답은 다른 학생들도 답할 수 있는 뻔하고 식상한 답변인 경우가 많습니다. 면접 질문을 받고 답변하기 전에 다음의 3가지 질문을 스스로 한 뒤 고민하고 답해야 합니다.

'왜 면접관은 이 질문을 했을까?'
'많은 사람들이 답하지 않는 답변은 무엇일까?'
'진로와 연계된 답변은 무엇일까?'

한 번 더 깊게 역발상으로 생각해야 자신을 PR할 수 있는 의미 있는 답변을 할 수 있게 됩니다. 취미에 관한 질문에 답할 때는 자신의 진로 희망과 관련된 취미를 말하거나 전공 관련 분야에서 일할 때 필요한 역량과 자질을 키우는 데 도움이 되는 것을 말하는 것이 좋습니다. 위 학생의 답변을 다시 PREP에 맞춰, 학업 역량, 전공 적합성, 인성, 발전 가능성의 평가 요소에서 좋은 평가를 받을 수 있는 답변으로 바꿔보겠습니다.

위에서 예로 든 전자 공학부를 지원한 한 학생의 취미에 대한 답변을 준비하기 위해 진로와 관련시킬 수 있는 다른 취미에 대해 물어보았습니다.

선생님 : "요리 말고 다른 취미는 없을까?"

학　생 : "SF 영화 감상이요."

선생님 : "그중 어떤 영화가 인상 깊었니?"

학　생 : "<아이언맨>이요."

선생님 : "전자 공학과 연결시킬 수 있는 인상 깊었던 장면이 있었을
까?"

학　생 : "공중 스크린을 터치하는 기술이 나오는데 그 장면이 인상 깊
었어요."

이렇게 꼬리 질문으로 생각을 많이 해야 좋은 스토리가 나올 수 있습
니다. 이 학생은 취미에 대한 답변을 PREP법칙으로 다음과 같이 만들었
습니다.

Q. 취미가 무엇인가요?

P : 제 취미는 SF 영화를 보는 것입니다.

R : SF 영화를 보며, 미래의 모습을 상상하는 것을 좋아하기 때문인데
요.

E : 특히, 영화 <아이언맨>을 인상 깊게 봤습니다. 이 영화에서 공중 스
크린을 터치하는 기술이 나오는데요. 이 기술을 보며 '한번 만들어
보고 싶다'라는 생각을 하면서 관심을 갖게 되었습니다. 그래서 3D
디스플레이 개발자라는 꿈을 갖고, 전자 공학과에 지원하게 되었습
니다.

P : 전자 공학과를 통해 신기술을 습득하고 활용해 SF 영화 속의 상상을

현실로 만들어 인간의 삶을 이롭게 만드는 데 기여하고 싶습니다.

위의 답변을 한 학생은 어떤 학생이라고 생각되나요? 면접관의 입장에서 학생을 평가해본다면 학업 역량은 구체적으로 나와 있진 않지만, SF 영화를 단순히 재미만을 위해 보는 것이 아니라, 미래의 신기술을 상상하면서 '이것을 상상이 아닌 현실로 만들 수 있을까?'를 연관시켜 생각하는 것에서 창의적인 학생이라는 생각이 듭니다. '이것을 한번 만들어보고 싶다'는 말에서 학생의 도전 정신이 느껴지고, 지적 호기심이 많고, 자기 주도성이 강하기 때문에 발전 가능성이 많은 학생이라는 생각이 듭니다. 마지막에 SF 영화 속의 상상을 현실로 만들어 인간의 삶을 이롭게 만드는 데 기여하고 싶다는 사명감을 강조하고 있기 때문에 인성 부분에서 좋은 평가를 받을 수 있겠죠.

실습) 여러분의 취미를 PREP 법칙을 활용해 말해볼까요?

3) 다양한 질문에 스토리로 답하는 연습을 해라!

또한, 위 답변은 취미에 관한 질문에 대한 답변이었지만, "꿈을 갖게 된 동기는 무엇인가?", "인상 깊게 본 영화는?", "어떤 기술을 개발하고 싶은가?", "진로 희망은 무엇인가?" 등 다양한 면접 질문에 활용할 수 있는 유용한 답변이 될 수 있습니다. 앞서 말한 만능 간장 같은 PREP 답변이라 할 수 있는데요. 어떻게 다양하게 면접 답변을 응용할 수 있는지 예시를 들어보겠습니다.

Q : 꿈을 갖게 된 동기는 무엇인가?

P : 저는 SF 영화를 보면서 3D 디스플레이 개발자라는 꿈을 갖게 되었
습니다.

E : 특히, 영화 <아이언맨>을 인상 깊게 봤습니다. 이 영화에서 공중 스
크린을 터치하는 기술이 나오는데요. 이 기술을 보며 '한번 만들어
보고 싶다'라는 생각을 하면서 관심을 갖게 되었습니다. 그래서 3D
디스플레이 개발자라는 꿈을 갖고, 전자 공학과를 지원하게 되었습
니다.

P : 전자 공학과를 통해 신기술을 습득하고 활용해 SF 영화 속의 상상을
현실로 만들어 인간의 삶을 이롭게 만드는 데 기여하고 싶습니다.

Q : 인상 깊게 본 영화는?

P : 제가 인상 깊게 본 영화는 <아이언맨>이란 SF 영화입니다.

E : 이 영화에서 공중 스크린을 터치하는 기술이 나오는데요. 이 기술을
보며 '한번 만들어보고 싶다'라는 생각을 하면서 관심을 갖게 되었
습니다. 그래서 3D 디스플레이 개발자라는 꿈을 갖고, 전자 공학과
에 지원하게 되었습니다.

P : 전자 공학과를 통해 신기술을 습득하고 활용해 SF 영화 속의 상상을
현실로 만들어 인간의 삶을 이롭게 만드는 데 기여하고 싶습니다.

Q : 어떤 기술을 개발하고 싶은가?

P : 저는 공중 스크린 터치를 가능하게 하는 기술을 개발하고 싶습니다.

E : 영화 <아이언맨>을 보면, 공중 스크린을 터치하는 장면이 나오는데

요. 이 기술을 보며 '한번 만들어보고 싶다'라는 생각을 하면서 관심을 갖게 되었습니다. 그래서 3D 디스플레이 개발자라는 꿈을 갖고, 전자 공학과에 지원하게 되었습니다.

P : 전자 공학과를 통해 신기술을 습득하고 활용해 SF 영화 속의 상상을 현실로 만들어 인간의 삶을 이롭게 만드는 데 기여하고 싶습니다.

Q : 진로 희망은 무엇인가?

P : 제 꿈은 3D 디스플레이 개발자입니다. 특히, 공중 스크린 터치를 가능하게 하는 기술을 개발하고 싶습니다.

E : 영화 <아이언맨>을 보면 공중 스크린을 터치하는 장면이 나오는데요. 이 기술을 보며 '한번 만들어보고 싶다'라는 생각을 하면서 관심을 갖게 되었습니다. 그래서 3D 디스플레이 개발자라는 꿈을 갖고, 전자 공학과에 지원하게 되었습니다.

P : 전자 공학과를 통해 신기술을 습득하고 활용해 SF 영화 속의 상상을 현실로 만들어 인간의 삶을 이롭게 만드는 데 기여하고 싶습니다.

이렇게 다양한 질문에 하나의 답변을 활용해 말할 수 있습니다. 질문이 바뀌기 때문에 앞의 Point가 바뀌어야 하겠죠? 하지만 순발력이 없으면 예측하지 못한 질문을 받았을 때 갑자기 머릿속이 백지장처럼 되어 아무 말도 하지 못하게 될 수도 있습니다. 모의 면접을 통해 PREP으로 만든 답변을 응용하고 활용하는 연습을 많이 해봐야 합니다. 중요한 점은 위의 스토리를 한 번밖에 사용하지 못한다는 것입니다. 이미 <아이언맨> 스토리를 진로 희망에 대한 질문에 답을 했는데, 취미에 대한 질문을 받았다면 같은 스토리로 말하면 안 되겠죠? 그래서 위의 예시처럼 여러 가지로 활용할 수 있는 만능 간장 같은 스토리를 많이 만들어놓는 것이 좋습니다. 여러분이 '스토리 부자'가 된다면 실전 면접에 임할 때 한결 마음이 든든해질 거예요.

실습) **만능 간장 소스 같은 하나의 답변을 만들어 다양한 질문에 활용하는 연습을 해봅시다!**

04

자연스럽게 말하는
입말 법칙

많은 학생들이 면접에서 가장 어려워하는 부분 중 하나가 바로 자연스럽게 말하는 것입니다. 학생들이 면접 연습을 할 때 답변을 글로 적은 뒤 그것을 전부 외우려고 하는데, 이렇게 연습을 하면 원고를 읽는 낭독처럼 들려 실제 면접에서 진정성을 전달하기 어렵습니다. 그래서 자연스럽게 말하기 위해서는 글말이 아니라 입말로 말하는 것이 중요합니다.

우리말에는 문어체와 구어체가 있죠? 문어체는 글을 쓸 때 쓰는 말인 글말이고, 구어체는 말을 할 때 쓰는 입말을 말합니다. 제가 기상캐스터 시절 방송 원고를 직접 썼는데요. 원고는 읽기 위해서가 아닌 말하기 위해 쓰는 것이기 때문에 실제로 말을 하면서 원고를 썼습니다. 말을 하면서 원고를 작성하다 보면 내용이 저절로 이해되고, 더 자연스럽게 말할 수 있게 됩니다.

1) 입말로 자연스럽게 말하는 TIP

① 중심 내용을 한 문장으로 바꿔라

입말로 이야기하고 싶다면 많은 내용을 나열식으로 담은 복문이 아니라, 중심 내용을 하나당 한 문장으로 담은 단문으로 짧게 바꾸어 말하는 것이 좋습니다.

제 꿈은 전기 엔지니어인데, 그 꿈을 이루기 위해서 '드림'이란 과학 동아리를 만들어 다양한 실험과 발명, 체험 활동을 했고, 그 경험들을 통해 꿈을 구체화할 수 있었습니다.

위의 예시에는 한 문장에 많은 내용을 나열식으로 말했기 때문에 내용이 잘 전달되지 않을 수도 있습니다. 글은 이해가 안 되는 부분이 있다면 다시 돌아가서 읽을 수 있지만, 말은 즉흥적이기 때문에 되돌아가서 이해하기 어렵습니다. 그래서 상대방에게 현장에서 말을 즉흥적으로 잘 전달하는 것이 중요한데, 앞의 문장을 아래처럼 단문으로 말한다면, 상대방이 말을 더 쉽게 이해할 수 있을 것입니다.

제 꿈은 전기 엔지니어입니다. 그 꿈을 이루기 위해서 '드림'이란 과학 동아리를 만들었는데요. 동아리를 통해 다양한 실험과 발명을 했습니다. 또한, 체험 활동을 하면서 꿈을 구체화할 수 있었습니다.

② 한자어나 외국어, 어려운 말들을 남용하지 마라

간혹 학생들이 높은 지적 수준을 드러내고 싶어 학생들이 잘 쓰지 않는 한자어나 어려운 말들을 많이 넣어서 말하는 경우가 있습니다. 하지만 이렇게 말하면 딱딱하게 들릴 뿐 아니라, 융통성이 부족한 학생이라고 느껴질 수도 있습니다.

저는 ○○ 활동에 **어플라이**했습니다.

− 저는 ○○ 활동에 **지원**했습니다.

고루한 생각과 각주구검의 태도를 버려야 합니다.

− 시대에 뒤떨어진 생각을 버리고 새로운 변화를 받아들여야 합니다.

③ 어미와 연결어를 바꿔라

글말에서는 문장의 어미는 '…습니다'로 끝나게 되는데, 입말의 어미는 다양하게 바뀔 수 있습니다. 예를 들면, 입말에서 어미를 '…데요', '…고요'라고 바꾸어 말하면, 더 자연스럽게 들립니다. 그런데 중요한 것은 '…데요, …고요'를 너무 올려 말하면 진중하지 못하고 가볍게 들릴 수 있으니 끝을 상승조로 올리지 말고, 낮춰서 진중한 느낌이 들 수 있도록 말하는 것이 좋습니다. 또한, '…데요, …고요'의 어미가 많으면, 공손하지 못한 인상을 줄 수 있기 때문에 전체 답변의 50%를 넘지 않도록 쓰는 것이 좋습니다. 또한, 입말에서는 '하였습니다'는 '했습니다'로, '되었습니다'는 '됐습니다'로 축약해서 말합니다.

연결어도 글말과 입말이 다릅니다. 그래서 글말에서 쓰이는 연결어를 입말로 말할 때는 다음과 같이 바꿔서 말하는 것이 부드럽고 자연스럽게 들립니다.

글말	입말
및	-와, -과
등	…와(과) 같은, …을 비롯해
…며	…고
그리하여, 그러므로, 따라서, …함으로써	그래서

제 취미는 SF 영화를 보는 것입니다. <아이언맨> **및** <인터스텔라>, <스타워즈> **등** 다양한 SF 영화를 통해 미래의 신기술을 보고 상상하는 것을 좋아하기 때문입니다. 특히, <아이언맨>에 나오는 공중 터치 스크린 장면에 인상을 받았으**며**, 그 기술을 개발하는 3D 디스플레이 개발자의 꿈을 갖게 **되었습니다.**

위의 예문의 어미와 연결어를 고쳐 아래와 같이 말한다면, 훨씬 자연스럽게 들리고 이해하기도 수월할 것입니다.

제 취미는 SF영화를 보는 것입니다. <아이언맨>**과** <인터스텔라>, <스타워즈>**를 비롯해** 다양한 SF 영화에서 미래의 신기술을 보고 상상하는 것을 좋아하기 때문입니다. 특히, <아이언맨>에 나오는 공중 터치 스크린 장면에 인상을 받았**고**, 그 기술을 개발하는 3D 디스플레이 개발자의 꿈을 갖게 **됐습니다.**

또한, '…입니다, …인데요'라는 음절 앞에 받침이 없을 때는 입말에서는 붙여서 말합니다. 예를 들면, "제 꿈은 전기 엔지니어입니다"라는 말을 할 때 '…입니다' 앞에 있는 말은 '어'로 받침이 없기 때문에 "제 꿈은 전기 엔지니업니다"라고 말하는 것이 자연스럽습니다. 마찬가지로 "제 꿈은 전기 엔지니어인데요"라고 말하는 것보다 "제 꿈은 전기 엔지니언데요"라고 말하는 것이 자연스럽게 들립니다. 여러분도 자연스럽게 입말로 말하는 연습을 해볼까요?

실습) 자신의 답변을 입말 법칙에 맞게 바꿔서 말해볼까요?

05

세상에 하나뿐인 자기소개하기
– 진.지.강.포 법칙

면접을 볼 때 가장 중요하고 어려운 것 중 하나가 바로 자기소개입니다. 자기소개는 첫인상을 결정짓는 중요한 요소이기 때문에 호감을 주고 기억에 남는 자기소개를 하기 위해서는 준비와 노력이 필요합니다. 하지만 면접에서 자기소개를 어떻게 해야 할지 몰라 고민하고 스트레스를 받는 학생들이 많죠?

면접에서 자기소개는 보통 30초~1분 정도로 하는 게 좋습니다. 자기소개에서 핵심은 자신이 말하고 싶은 말을 하는 것이 아니라, 상대방이 듣고 싶은 이야기를 하는 것입니다. 면접관은 여러분들의 어떤 것을 가장 궁금해할까요? '어떤 진로 희망을 갖고 있는가?', '우리 학교에 지원한 이유는?', '학생의 강점은 무엇일까?'에 대한 것입니다.

그래서 간결하고 임팩트 있는 자기소개를 하기 위해서는 이 4가지

'진.지.강.포'를 말하면 됩니다. 진.지.강.포는 진로 희망, 지원 동기, 지원자의 강점과 포부를 말하는데요.

【 자기소개 법칙 】
진 - 진로 희망 / 지 - 지원 동기 / 강 - 강점 / 포 - 포부

처음에 하는 자기소개는 광고 예고편과 같다고 생각하면 됩니다. 자기소개는 처음에 물어보는 경우가 많기 때문에 면접관에게 기대감을 갖게 만드는 것이 중요합니다. 예시를 통해 자기소개 요령을 배워볼까요?

진로 희망
제 꿈은 외국인들에게 한국에 대한 행복한 경험의 추억을 선물할 수 있는 관광 통역 안내사가 되는 것입니다.

지원 동기
특히, 지역의 특색 있는 경험을 할 수 있도록 관광 콘텐츠를 개발해 지역 경제도 활성화시킬 수 있는 능동적인 안내사가 되고 싶어 관광학과에 지원했습니다.

강점
저의 강점은 도.자.기입니다. 저는 도전하며 자기 주도적으로 성장해 기회를 만들어가는 것을 좋아합니다. 관광 통역 안내사의 꿈을 키운 뒤, 지역 사랑 동아리를 함께 만들어 지역의 숨겨진 명소와 맛집을 소개했고,

부안 체험 학습에서 직접 관광 가이드를 자처해 친구들을 안내했습니다.

포부

○○대에서 도자기와 같은 자질을 바탕으로 다양한 기회에 도전하며 성장해 꿈을 이루고 싶습니다.

06

임팩트 있게 말하는 법
– 비.줄.행 법칙

긍정적인 첫인상으로 호감을 높이기 위해서는 광고 카피처럼 임팩트 있게 말하는 것이 필요한데요. 이때 비.줄.행 법칙을 기억하세요. 비.줄.행이란 비유, 줄임말, N행시의 줄임말로 이 3가지를 활용해 참신한 표현을 만들 수 있습니다.

1) 비유 활용하기

낯선 개념을 짧은 시간에 잘 기억하게 만들기 위해서 비유를 많이 활용합니다. 국어 시간에 시를 배울 때 비유법에 대해 배웠을 것입니다. 예를 들면, '고사리 같은 손', '내 마음은 호수요' 같은 표현 기억나시죠? 이때 중요한 것은 누구나 많이 쓰고 잘 알고 있는 비유는 식상하기 때문에 자신이 생각한 창의적인 비유를 사용하는 것이 좋습니다. 즉, 반전이 있는 비유를 활용하면 좋은데요.

예를 들어, 자신을 사물에 비유한다면 "저는 나무라고 생각합니다. 아낌없이 모든 것을 베풀기 때문입니다", "저는 개미라고 생각합니다. 성실하기 때문입니다", "저는 흰색이라 생각합니다. 맑고 순수하기 때문입니다"라고 말한다면 예측 가능한 답변이기에 식상하죠? 반면, 자신만의 창의적인 비유를 만들어 답변한다면 면접관의 흥미를 이끌고 임팩트를 줄 수 있습니다. 이때 왜 그렇게 비유를 했는지 논리적인 설명을 덧붙여 설득하는 것이 중요합니다. 비유를 어떻게 활용하면 좋을지 예를 들어보겠습니다.

예) 면접 자기소개 예시 – 비유 활용

진로 희망 – 저는 적정 기술로 소외 계층을 돕는 기계 공학자가 되고 싶습니다.

지원 동기 – ○○대는 나눔의 가치를 중요하게 여기는 대학으로 제 꿈을 실현시킬 최고의 대학이라 생각합니다.

강점 – **저는 개미 같은 강점이 있습니다.** 개미는 자신의 몸무게의 50배 이상의 먹이를 들어 올리는데요. 저도 강한 집념으로 능력 이상의 결과를 만들어 내는 것을 좋아합니다. 인형 뽑기 기계에 지적 호기심을 느껴 과학 상자를 활용해 스스로 직접 만들어본 적도 있습니다.

포부 – 과학은 나누는 것이라고 생각합니다. ○○대에서 배움을 함께 나누고 세상을 이롭게 만드는 과학 기술로 나눔을 실천하는 따뜻한 과학자가 되고 싶습니다.

개미라고 하면 성실한 것은 누구나 다 알고 있는 내용이지만, 개미가 자신의 몸무게의 50배 이상의 먹이를 들어 올린다는 사실은 잘 모릅니다. 이처럼 잘 모르는 사실을 학생의 장점과 연관시켜 말해 임팩트를 줄 수 있습니다.

① 은유법 사용 : A는 B이다.

제 꿈은 **맛있는 비빔밥을 만드는 것**입니다. 비빔밥은 쉽고 편하게 여럿이 둘러앉아 즐겨 먹을 수 있는 상생과 화합의 음식이라고 생각하는데요. 저는 우리 한국의 문화 콘텐츠를 잘 섞고 역량 소스로 잘 비벼서 전 세계의 상생과 화합이란 **멋진 비빔밥 요리를 만드는 문화 콘텐츠 마케터**가 되고 싶습니다.

위의 예시에서 꿈이 '맛있는 비빔밥을 만드는 것'이라고 말해 궁금증을 유도한 뒤, 자신의 꿈이 '전 세계의 상생과 화합이란 멋진 비빔밥을 만드는 문화 콘텐츠 마케터'라고 구체적으로 밝히고 있습니다. 자신의 꿈을 참신하게 비유적 표현으로 말한다면 면접관에게 임팩트와 감동을 동시에 줄 수 있습니다.

비유적 표현은 누구나 생각할 수 있는 것이 아니라 학생의 창의적, 논리적인 생각과 결합된 참신한 표현이어야 돋보일 수 있습니다. 그래서 자신의 장점을 부각시키기 위한 비유적 표현을 많이 고민해야 합니다. '어떤 사물과 나를 연결 지을 수 있을까? 무엇이 나와 닮았을까?', '그 이유는 무엇인가?'를 지금부터 생각해보세요.

② 전공에 관련된 질문에 은유법을 활용한 예시

"○○○이란 무엇인가?"라고 전공 관련해서 질문을 던진다면, 인터넷 백과사전에 나온 지식을 활용해 그대로 답하는 학생들이 많습니다. 이때 답변하는 요령은 백과사전 지식 중심 답변이 아니라, 자신에게 어떤 의미 있는 가치가 있는지를 비유법을 활용해 설명한다면 임팩트를 줄 수 있습니다.

Q : 호텔이란 무엇이라 생각하는가?

P : 호텔은 동화『행복한 왕자』에 나오는 왕자와 같다고 생각합니다.

E : 『행복한 왕자』란 동화에서 왕자는 자기가 가진 모든 보석을 가난하고 힘든 사람들에게 나눠주고 희생합니다. 이렇게 『행복한 왕자』처럼 호텔에서 가지고 있는 최고의 서비스를 모두 제공해서 고객이 힐링할 수 있도록 희생하는 것이 중요하다고 생각합니다.

위의 예시에서 학생은 호텔은 『행복한 왕자』란 동화에 나오는 왕자처럼 '자신이 가진 최고의 것을 고객의 행복을 위해 나눠주는 것이다'라고 비유를 활용해 말하고 있습니다.

Q : 스포츠 에이전트란 무엇인가?

P : 스포츠 에이전트란 '페이스 메이커'와 같다고 생각합니다.

E : 보이지 않는 곳에서 묵묵히 노력하며 스포츠 선수가 사회에 기여할 수 있도록 돕는 것, 스포츠 에이전트가 해야 할 사명이라고 생각합니다. ○○대학교 스포츠 산업, 레저를 전공하여 스포츠를 통해 실망

감과 배신감이 아닌 꿈과 희망을 전달해주고 싶습니다.

P : 저의 장점인 희생정신을 발판 삼아 페이스메이커와 같이 함께 뛰며 응원하는 스포츠 에이전트가 되겠습니다.

위의 학생은 자신의 꿈인 스포츠 에이전트를 페이스메이커에 비유해 설명하고 있습니다. 페이스메이커란 마라톤 경기에서 마라톤 선수가 뒤처지지 않고 완주할 수 있도록 옆에서 뛰어주는 사람을 말합니다. 자신을 페이스메이커에 비유해 희생정신으로 선수와 함께 뛰며 응원하는 스포츠 에이전트가 되겠다는 포부를 밝히고 있습니다. 페이스메이커가 열심히 땀 흘리며 달리는 모습과 학생의 모습이 머릿속에 그려지죠? 위의 예시처럼 비유적 표현을 활용해 차별화된 답변을 만드는 것을 고민해보세요.

실습) 앞의 진.지.강.포 법칙과 비유를 활용해 자기소개 답변을 만들어볼까요?

2) 줄임말 활용하기

면접에서의 답변은 반전이 중요합니다. 반전이란 면접관이 예상치 못한 답변을 해서 강렬한 인상을 주는 것이죠. 예측 가능한 뻔하고 식상한 답변은 시간 낭비일 뿐입니다. PREP 법칙 중 P의 결론에서 예상치 못한 반전 답변으로 시선을 집중시켜 임팩트를 줄 수 있는 방법을 예시를 통해 살펴보겠습니다.

예) 면접 자기소개 예시 - 줄임말 활용

진로 희망 : 저는 깨소금 같은 교사가 되고 싶습니다. 깨소금이란 학생들과 소통하며 깨달음을 주고, 인생의 소중한 명언인 금언을 해줄 수 있는 교사를 말합니다.

지원 동기 : 「No man is an island」라는 시에 이런 구절이 나옵니다. 'No man is an island entire of itself ; every man is a piece of the continent.' 이 시를 읽고 난 뒤, '연결된 관계 속에서 어떻게 필요한 도움을 줄 수 있을까?'에 대해 진지하게 고민해보게 되었고, 영문학을 통해 깨소금 같은 영어 교사가 되고 싶다는 꿈을 갖게 되었습니다.

강점 : 저는 early bird란 별명이 있습니다. 매일 일찍 일어나 왕복 3시간 통학을 하면서 3년 내내 개근을 했습니다. 또한, 2년 동안 학급 임원 활동을 하면서 학급 친구들과 소통하려는 모습이 마치 지저귀는 새와 같다며 친구들이 지어준 별명입니다.

포부 : 일찍 일어나는 새가 벌레를 많이 잡듯 이제 ○○대학교의 early bird가 되고 싶습니다. 대답보다는 질문을, 결과보다는 과정을 중시하는 교육으로 교육의 혁신을 이끌어 가겠습니다.

Q : 호텔리어로서 필요한 자질이 무엇이라 생각하는가?

P : 저는 미.인.계라고 생각합니다.

E : 외모로 유혹한다는 뜻의 미인계가 아니라, 제가 말씀드린 미인계는 미소, 인성, 계속적인 마인드 컨트롤입니다. 호텔리어에 관심이 많아서 여러 호텔리어의 인터뷰 기사를 봤는데요. "호텔은 악하거나

욱하는 성격을 가진 사람은 못 버틴다"라는 말이 참 인상 깊었습니다. 다양한 고객을 상대하기 위해서는 외국어 소통 능력도 중요하지만, 무엇보다 어떤 상황에도 진정한 미소를 잃지 말아야 하는 착한 인성, 긍정적으로 생각하기 위한 계속되는 마인드 컨트롤이 호텔리어로서 중요한 자질이라 생각합니다.

P : 이런 미인계를 갖춘 호텔리어가 되겠습니다.

호텔리어로서 필요한 자질이 미인계라고 예측할 수 있을까요? 이렇게 미인계라고 답한다면 면접관들은 궁금하겠죠? '미.인.계'는 미소, 인성, 계속되는 마인드 컨트롤의 줄임말이라는 설명과 함께 왜 이것이 호텔리어에게 중요한 자질인지 호텔리어의 인터뷰 기사를 활용해 임팩트 있게 말하고 있습니다.

Q : **꿈에 가장 중요한 자질이 무엇이라 생각하는가?**

P : 제 꿈은 '소파 방정환'과 같은 간호사로 어린이들의 건강을 위해 헌신하는 '소아 전문 간호사'가 되는 것입니다. 저는 제 꿈을 이루기 위해서는 '소책자'의 자질이 중요하다고 생각합니다.

E : 소책자란 소통 능력, 책임감, 자기 주도성의 줄임말인데요. 어린이들의 건강을 돌보기 위해서는 아이들과 소통하며, 책임감과 자기 주도성을 갖고 일해야 하는 것이 중요하다고 생각합니다.

P : 제 소책자의 자질을 바탕으로 ○○대에서 전문성과 실무 역량을 길러 제 꿈을 꼭 이루겠습니다.

간호사로서 필요한 자질이 '소책자'라고 말하고 있는데, 이것도 소통 능력과 책임감, 자기 주도성의 줄임말로 궁금증을 유발하고 있습니다. 반전의 참신한 답변은 깊은 인상을 줄 수 있겠죠?

3) N행시 활용하기

대학의 이름을 활용한 N행시로 짧고 간결하며 임팩트 있게 자기소개를 할 수 있습니다.

예) 면접 자기소개 예시 - N행시 활용

인천대학교 영어영문학과에 지원한 것은 파일럿이 되기 위해 외국어 소통 능력이 중요하기 때문입니다. (진로 희망, 지원 동기)

천릿길도 한걸음부터라는 말처럼 지금 파일럿이 되기에 부족하지만, 제 장점인 끈기를 갖고 걸어간다면, 꿈을 현실로 이룰 수 있을 것이라 생각합니다. (강점)

대학에서 열심히 영어를 공부한 뒤에 호주로 가서 민간 항공 조종사 라이센스를 취득할 것입니다.

학생의 장점과 능력을 개발하도록 만드는 인천대학교에서

교내외 영어 스피치, 프레젠테이션, 학술제 등 다양한 활동을 통해 소통 능력과 비판적 사고력, 문제 해결 능력을 갖춰 멀리 높게 비상하는 인재가 되겠습니다. (포부)

실습) 줄임말이나 N행시를 활용해 자기소개 답변을 만들어봅시다!

07

나를 PR하는 스토리텔링의 법칙
- 고.수.따.감.깨 법칙

'스토리텔링'이란 'story + tell + -ing'의 합성어로 이야기를 현재 눈앞에 일어나는 것처럼 재미있고 생생하게 풀어서 이야기하는 것을 말합니다. 스토리텔링은 감성적 사고를 담당하는 우뇌와 이성적 논리적 사고를 담당하는 좌뇌를 모두 자극하기 때문에 연령, 계층, 성별의 차이에 구애받지 않고 다양한 사람들을 공감하고 몰입하게 합니다. 스토리텔링은 듣는 상대방에게 재미와 감동을 주면서 간접적으로 설득하는 힘이 있습니다.

스토리텔링이 면접에서 가장 중요한 요소이지만, 학생들이 특별한 경험들을 다음의 예시처럼 두루뭉술하게 답변을 해서 뻔한 스토리로 느껴지는 경우도 많습니다.

"봉사 활동 이야기를 할 때, 제가 요양원 봉사 활동을 했는데 어르신들께 안마를 해드리고 많은 대화를 하며 보람과 뿌듯함을 느꼈습니다."

"제가 임원을 하면서 처음에는 아이들이 잘 따라주지 않아서 힘들었지만, 그러한 경험을 통해 친구들에게 먼저 다가서서 경청하고 공감해주는 것이 중요하다는 것을 깨달았습니다."

또한, 스토리를 말할 때 너무 길게 말해서 이야기의 핵심이 흐려지는 경우가 있습니다. 자신도 마무리를 어떻게 할지 몰라 급하게 답변을 마칠 수도 있고, 면접관에게 "됐습니다"라는 말을 듣고 답변할 기회를 잃게 될 수도 있습니다. 면접에서 스토리텔링을 잘하기 위해 필요한 '고수따감깨' 법칙을 배워봅시다!

1) 고.수.따.감.깨 법칙

책을 읽을 때 장면을 머릿속으로 상상하면서 읽을 것입니다. 마찬가지로 면접에서도 스토리를 눈앞에 보이는 것처럼 생생하게 묘사해 상상하게 만드는 것이 중요합니다.

스토리텔링을 잘하기 위한 '고수따감깨' 법칙은 고유명사, 숫자, 따옴표, 감정, 깨달음을 넣어 말하는 방법입니다. 이것을 제대로 활용하면 면접관에게 흥미를 불러일으켜 집중하게 만들 수 있으며, 자신에 대한 PR로 호감을 줄 수 있습니다.

① 고유명사와 숫자 넣기

Q. 동아리를 어떻게 활성화시켰는가?

A : 처음에는 동아리 부원이 적었지만, 발 벗고 나서서 적극적으로 홍보한 결과, 동아리 부원이 점점 늘어났습니다.

B : **'인사이트'**란 영화 동아리를 개설했는데, 처음에는 인원이 **2명**밖에 되질 않았습니다. 하지만 매일 **1시간씩** 점심시간을 이용해 전체 반을 발로 뛰며 홍보한 결과, **일주일** 만에 **10명**으로 늘어났습니다.

어떤 학생의 답변에 호감이 가나요? A의 답변은 추상적인 이야기로 식상하게 들리지만, B의 답변은 학생이 발로 뛰는 적극적인 모습이 머릿속에 그려지고 동아리에 대한 열정이 느껴집니다. 위와 같이 사람이나 사물의 고유한 이름인 고유 명사나 숫자를 넣으면 스토리가 구체화되면서 이미지가 생기기 때문에 차별화된 답변으로 신뢰성을 높이고 깊은 인상을 줄 수 있습니다.

Q : 자신의 장점은 무엇인가요?

P : 제 장점은 공감하고 경청하는 것입니다.

E : 저는 전교 부회장을 맡아 축제에서 진행할 **'복면가왕'**이란 프로그램을 기획했습니다. 처음 준비하는 프로그램이라 어려움이 많았습니다. 제일 중요한 가면 소품을 구하는 일이 비용 부담이 컸기 때문인데요. 그때 친구들과 회의를 열어 의견을 나눴고, 하나당 **1,000원 정도** 하는 동물 부직포로 된 가면을 이용해 비용 문제를 해결할 수 있

었습니다. 하지만 안경을 쓴 학생들은 부직포 가면이 잘 맞지 않는 변수가 생겼습니다. 그래서 저희가 직접 가면을 여러 번 써보고 연구했고, 가면 옆에 구멍을 뚫은 뒤 구멍으로 안경다리를 넣어 문제를 해결할 수 있었습니다. 이 경험을 통해 소통하기 위해 중요한 것은 서로의 의견을 존중하고 경청하는 것이란 것을 깨달았습니다.

P : 이 학교에 입학해서 서로 소통하면서, 즐거운 추억을 많이 만들고 싶습니다.

Q : 기억에 남는 봉사 활동은?

P : 제가 가장 기억에 남는 봉사 활동은 '**안테나**' 동아리에서 한 사회봉사 활동입니다.

E : 수면 양말과 담요, 간식을 들고 독거노인 분들 집에 방문하여 말벗이 되어드리는 활동이었는데요. 저는 이 활동을 하면서 사회복지사의 꿈이 더 절실해졌습니다. 저는 3평짜리 쪽방에서 홀로 살고 계시는 할머니 댁을 방문하게 됐습니다. 할머니께서는 자식들과 연락이 되지 않는다고 말씀하면서 무척 속상해 하셨습니다. 저는 문득 사망한 지 **20일**이 지나서야 발견된 독거노인에 대한 기사가 떠올라 걱정됐습니다. 그래서 할머니께 전화번호를 받아 안부 전화를 종종 드리게 되었고, **3년째** 그 인연을 이어가고 있습니다. 독거노인들이 고독함, 병환, 빈곤함의 삼중고를 겪으며 살아가고 있는 모습을 직접 보면서 문제의 심각성을 깨달았습니다. 독거노인들의 생활 지원과 건강 지원을 비롯해 많은 도움이 절실한데, 아직 손길이 부족하고 실질적인 정책 마련도 시급한 실정입니다.

P : 제가 사회복지사가 되어 독거노인 문제를 해결하고 복지 선진국을 만드는 데 기여하고 싶습니다.

고유명사를 사용할 때 유의해야 할 점이 있는데요. 블라인드 평가이기에 학교명이나 지역명 언급을 피해야 한다는 점입니다.

【 블라인드 평가란? 】

블라인드 평가란 대학 입시에서 출신 지역, 학교 등을 공개하지 않고 평가하는 방식을 말하는데요. 지원자에 대한 선입견이나 편견 없이 인재를 선별하기 위해 도입된 제도입니다. 2021학년도부터 대학 입시에서 입시의 공정성 확보를 위해 '고교 정보 블라인드 평가'가 모든 대학에 전면적으로 도입됐는데요. 하지만 대입 블라인드 평가의 실효성 여부를 두고 논란이 많습니다. 학생부를 기초로 면접을 보기 때문에 너무 많은 정보가 공개되지 않으면 학생을 제대로 평가하는 데 어려움이 많을 수 있기 때문입니다. 또한, 이미 서류 전형에서 출신 학교를 파악할 수 있고, 적혀진 교과명이나 운영 프로그램, 세부 특기 사항 등 구체적인 활동 정보를 통해 어느 학교 학생인지 추측할 수 있고, 면접관이 "고등학교 때 어떤 과목이 인상적이었나? 어떤 활동을 했는가?" 등에 대한 질문을 할 때, 학생의 답변에서 학교가 노출될 수 있는 문제점이 있습니다. 현재 대학마다 블라인드의 항목이나 범위에 대한 기준이 명확하지 않다는 현실적인 문제점도 있는데요. 이러한 많은 문제점을 해결하기 위해 자동 블라인드 시스템이 도입되어야 하고 구체적인 평가 기준이 마련되어야 블라인드 평가가 공정성을 갖게 되겠죠.

【 블라인드 면접의 유의 사항은? 】

블라인드 면접의 유의 사항은 무엇이 있을까요?

먼저 면접에서 기본적인 신상 정보(이름, 출신 학교 이름, 출신 지역 등) 부모님의 직업을 비롯해 사회적 경제적 지위를 알 수 있는 내용이나 가정환경에 대한 직간접 언급을 피해야 합니다. 이 내용을 학생들이 인지하고 있지만, 막상 모의 면접 수업을 하다 보면 학생들이 가정환경이나 학교명이 들어가는 활동과 수상 내역을 언급하는 실수를 범하는 경우가 많습니다. 예를 들면, '학교 축제인 ○○제에서', '○○모범상을 수상했습니다', '파일럿인 큰아버지의 영향으로' 이렇게 말하는 경우도 많은데요. 이것을 '학교 축제에서', '학교 모범상을 수상했습니다'라고 학교명을 언급하지 않아야 하고, 큰아버지의 직업은 말하면 안 됩니다. 여기서 한 가지 꿀팁을 드리자면 꿈을 가진 동기를 말할 때 선생님, 친구 등 타인의 영향을 받았다고 말하는 경우가 많은데 자신의 호기심과 관심 또는 직간접 경험을 통해 꿈을 갖게 되었다고 말하는 것이 좋습니다.

② 따옴표 넣기

따옴표에는 " " 큰따옴표와 ' ' 작은따옴표가 있습니다. 큰따옴표는 자신이나 누군가가 한 말을 직접 생생하게 옮겨 말할 때 사용하며, 작은따옴표는 자신의 생각이나 느낌을 말할 때 사용합니다. 따옴표를 사용하면 말에 감정 이입이 되어 생생하게 잘 들리고, 진정성 있는 스토리텔링으로 감동을 줄 수 있습니다.

Q : 존경하는 선생님은?

A : 고등학교 3학년 때 담임선생님을 존경합니다. 제가 수능을 볼지 말지 고민하고 있었을 때 선생님께서 상담을 해주셨는데, 응원과 격려로 힘을 주셨습니다.

B :

P : 저는 고등학교 3학년 때 담임 선생님을 존경합니다.

E : 성적이 좋지 않아 수능을 볼지 말지 고민하고 있었을 때 선생님께서 상담하시면서 <u>"너의 장점인 끈기를 발휘해. 수능 결과가 좋지 않더라도 끝까지 포기하지 않으면, 꼭 대학에 갈 수 있을 거야. 힘내렴."</u> 라며 응원과 격려를 해주셨습니다. 정말 심적으로 많이 힘든 상황이었는데요. 선생님께서 제 이야기를 경청해주시고, 따뜻하게 격려해주셔서 큰 힘이 됐습니다.

P : 저도 선생님처럼 방황하고 고민하는 학생들에게 먼저 다가가 길을 찾아줄 수 있는 선생님이 되고 싶습니다.

B는 A의 예시를 따옴표를 살려서 구체적으로 말하고 있습니다. A의 답변은 식상하고 추상적인 답변이지만, B의 답변은 따옴표를 활용해 구체적인 상황 묘사가 되어 생생하게 잘 들리고 진정성이 느껴집니다.

Q : 교사로서 어떤 자질이 중요하다고 생각하는가?

A : 저는 '역지사지'하는 태도라고 생각합니다. 사회생활을 하는 데 있어서 소통 능력이 가장 중요하다고 생각하는데요. 이런 원활한 소통이 되기 위해서는 상대방의 입장에서 배려하는 태도가 가장 중요하

다고 생각합니다. 고등학교 때 또래 멘토링을 하면서 멘티가 어려워
하는 부분을 다그치기보다는 입장을 배려하며 멘토링을 했습니다.

B :

P : 저는 '역지사지'하는 태도라고 생각합니다.

R : 사회생활을 하는 데 있어서 소통 능력이 가장 중요하다고 생각하는
데요.

E : 이런 원활한 소통이 되기 위해서는 상대방의 입장에서 배려하는 태
도가 가장 중요하다고 생각합니다. 고등학교 때 또래 멘토링을 하면
서 멘티가 어려워하는 부분을 다그치기보다는 **"아~ 해석 부분이 어
려웠구나. 나도 지난번에는 잘 못했는데 문장을 쪼개서 직독 직해를
하다 보니 해석이 잘되더라고"**처럼 입장을 배려하며 멘토링을 했습
니다.

P : 앞으로 교사가 되었을 때 학생들을 배려하며 눈높이에 맞는 수업을
할 것입니다.

학생은 교사의 자질로 '역지사지'의 태도가 중요하다고 말하고 있습니
다. 자신이 또래 멘토링을 하며, 어떻게 상대방을 배려했는지 설명하기
위해 친구에게 직접 했던 말을 따옴표를 활용해 말하고 있습니다. 평범
한 스토리가 따옴표로 구체화되면 차별화된 스토리가 될 수 있습니다.

Q : 꿈의 동기는?

A : 저는 건축가가 꿈입니다. 저희 집은 저와 형의 알레르기 비염과 아토
피 때문에 이사를 많이 다녔습니다. 이사를 다니면서 살고 있는 집과

환경의 중요성을 깨달았습니다. 제가 100% 만족할 만한 집과 환경은 없었기에 **직접 집을 만들고 싶다는 생각을 하면서 건축가를 꿈꾸게 됐습니다.**

B : 저는 건축가가 꿈입니다. 저희 집은 저와 형의 알레르기 비염과 아토피 때문에 이사를 많이 다녔습니다. 이사를 다니면서 살고 있는 집과 환경의 중요성을 깨달았습니다. 제가 100% 만족할 만한 집과 환경은 없었기에 **'내가 집을 직접 만들어볼까?'라는 생각을 하면서 건축가의 꿈을 키웠습니다. 무엇보다 친환경적이고 건강한 집을 짓고 싶다는 꿈을 키우게 되었습니다.**

건축가의 꿈에 대한 동기를 B에서는 학생의 생각을 작은따옴표로 활용해 말하고 있습니다. 따옴표를 활용하면 학생 자신도 말하면서 감정이입이 되어 더 진정성 있게 말할 수 있게 되고 스토리가 생생해지기 때문에 전달력도 높아지게 됩니다.

③ 감정과 깨달음

면접 답변에서 스토리텔링을 할 때 단순히 경험의 나열이 아니라 경험으로 인해 깨닫고 느낀 점, 배운 점을 말해야 진정성을 전달할 수 있습니다.

"교내 ○○대회에서 ○○상을 수상했고, 학생회장을 맡았습니다. ○○ 동아리 리더를 3년간 맡아 주도적으로 활약해왔으며, 어려운 전공 관련 ○○○책도 읽었습니다."

위의 답변은 결과 중심의 나열식 답변인데요. 이러한 유형의 답변에서 학업 역량이나 전공 적합성에 대해 좋은 평가를 받을 수 있지만, 교만한 느낌을 주기 때문에 인성과 발전 가능성의 요소에서는 좋지 못한 평가를 받게 될 수 있습니다. 학생이 아무리 어렵고 힘든 활동을 했어도 이 학교에 계신 교수님보다 더 심화된 학습을 할 수는 없겠죠? 면접관은 '아직 고등학생인데, 이런 것까지 했네. 대단하군'이라는 생각보다 '자기 우월감에 빠져 있는 것은 아닌가? 혼자 잘난 부분이 많은데, 과연 학교에 잘 적응하면서 친구들과 어울릴 수 있을까? 스스로 능력이 대단하다고 생각하는데, 더 노력할 수 있을까? 너무 자신의 신념이 강한데, 사고의 유연성이 있을까? 과연 친구들과 소통하고 협업할 수 있을까?'라는 걱정과 우려를 하게 될 수 있습니다.

대학에는 팀워크가 필요한 프로젝트 활동이 많기 때문에 함께 어울리면서 성장할 수 있는 잠재력이 많은 인재를 뽑길 원한다는 사실을 명심하세요. 결과를 나열식으로 말했을 때 어떤 느낌이 드는지 예를 통해 살펴보겠습니다.

Q : 자기 주도적 공부는 어떻게 했나요?
시험 기간에는 '정리-평가-복습'의 3단계 공부법을 사용했습니다. 그래서 노트를 수업 노트, 정리 노트 두 권을 준비해 공부했습니다. 시험 대비 이외에도 평소에 다양한 영어 원서 책을 읽고 영어 실력을 지속적으로 키웠습니다. 어려운 원서들을 많이 읽어서 **남들보다** 출중한 영어 실력을 갖게 되었습니다.

밑줄 친 '남들보다, 누구보다도'라는 표현은 다른 학생들과 자신을 비교해서 우월하다는 것을 드러내고 싶은 것이기에 이러한 표현을 자주 사용한다면 인성 부분에서 감점을 받을 수도 있습니다. 면접에서 자신을 PR해야 한다는 욕심이 과해서 위의 예시처럼 많은 결과들을 압축적으로 늘어놓는 경우도 많은데, 결과 나열식 답변은 오히려 면접관에게 부정적인 인상을 줄 수 있습니다.

자신을 PR하면서도 호감을 얻을 수 있는 답변을 하려면 결과보다는 과정을 통해 느낀 감정, 배운 점, 깨달은 점을 말하는 것이 중요합니다. 위의 답변을 호감 가는 답변으로 어떻게 바꿀 수 있을까요?

시험 기간에는 '정리-평가-복습'의 3단계 공부법을 사용했습니다. 노트를 수업 노트, 정리 노트 두 권을 준비해 공부를 했습니다. **이 활동을 통해 평소 공부하는 습관을 들여 시험 기간에도 시간을 단축시키면서 효율적으로 공부할 수 있었습니다. 또한, 어떤 일이 있을 때 코앞에 닥쳐서 벼락치기로 하는 것이 아니라 평소에 꾸준히 조금씩 나눠서 공부하는 것이 중요하고 실력을 키우는 비결이라는 것을 깨달았습니다.** 그래서 영어 원서들도 하루에 4장씩 꾸준히 목표량을 정해서 읽었습니다. 처음에는 쉬운 것부터 읽었지만, 난이도를 점점 높여가며 어려운 원서들도 도전해서 읽으면서 **뿌듯함과 성취감을 느꼈습니다. 이 경험을 통해 단계별로 실현 가능한 목표를 세워 성취감을 느끼는 것이 목표를 달성하는 데 중요하다는 것을 깨달았습니다.**

처음의 결과 나열식 답변을 과정과 감정, 깨달음을 덧붙여 말했는데요. 어떻게 말로 표현하느냐에 따라 학생의 이미지가 다르게 느껴지죠? 이렇게 감정과 깨달음을 말하는 것은 학생의 인성과 진정성을 보여주는 데 중요한 역할을 합니다. '말은 한 사람의 인품을 담는 그릇이다'라는 말이 왜 나왔는지 이해되시죠?

학생부를 보면 교내에서 전교생이 대부분 참여한 행사나 프로그램이 있습니다. 학생들이 특별한 경험이 아니라 생각해서 이러한 스토리를 면접에서 제대로 활용하지 못하는 경우가 많은데요. 하지만 평범하게 보이는 스토리도 자신이 노력한 것과 과정 속에서 느낀 감정과 깨달음, 포부를 넣는다면 감동을 주는 차별화된 스토리가 될 수 있습니다.

제가 기억에 남는 활동은 학교 교내 행사인 합창 대회였습니다. 고등학교 1학년 때는 자진해서 합창 대회의 율동 연출을 담당했습니다. 친구들 3명을 더 모아 율동을 함께 만들고, 학급 친구들에게 가르치는 일은 생각과 달리 많이 힘들었습니다. 학급 친구들이 율동을 배우는 것을 어려워했고, 몇몇 친구는 포기하며 대회에 불참한다고 말해 **속상하고 힘들었습니다. 그때 1:1로 친구들과 따로 이야기하며 갈등을 중재하고 해결해 나갔습니다.** 이후 한마음으로 연습한 결과 대회의 3등상을 수상할 수 있었습니다. **교내 행사인 합창 대회를 통해 리더로서 함께 멀리 나아가기 위해서는 조원들의 이야기를 경청하고 소통하는 것이 중요하다는 것을 깨달았습니다.**

학생부 종합 전형에서는 결과보다 학생의 노력한 과정과 변화를 더욱 높이 평가합니다. '처음부터 잘했다'가 아니라 '어떤 계기를 통해 서서히 변화되었고, 그 변화들이 연결되어 지금은 이렇게 바뀌었습니다'라는 스토리가 더 좋은 스토리입니다. 즉, 하나의 스토리를 선택해 노력한 과정, 깨달은 점, 변화된 점이 무엇인지를 연결해 말하는 것이 좋습니다.

실습) **고수따감깨 법칙을 활용해 꿈을 향해 노력한 스토리를 말해봅시다!**

08

갈등을 극복한 스토리를 말할 때는?
– SPSR 법칙

여러분은 갈등을 극복한 스토리가 있나요? 갈등의 경험을 물어보면 많은 학생들이 언성을 높여 싸우는 상황을 생각합니다. 특히, 내성적인 학생들은 "제가 싸우는 것을 싫어해서 갈등이 없는데요"라고 말을 많이 하죠. 폭넓게 갈등을 본다면 조별 프로젝트 활동, 동아리, 봉사 활동 등 협업을 하는 과정에서 발생하는 의견 충돌도 갈등에 속합니다. 의견이 대립됐을 때 어떻게 의견을 조율해서 문제를 해결했는지, 어떤 깨달음을 얻었는지 말한다면 자신의 역량을 자연스럽게 스토리 안에 녹여서 PR할 수 있습니다. 갈등 해결 스토리를 말할 때는 가능한 1:1보다는 여러 사람들과 협업을 하는 과정에서 발생하는 갈등을 말하는 것이 자신의 역량을 더 드러낼 수 있기 때문에 좋습니다. 그런데 갈등을 극복한 스토리를 말할 때 말이 너무 길어지는 경우가 많은데요. 갈등을 극복한 스토리를 1분 안에 핵심만 분명히 말하는 스피치 공식! 바로 SPSR 법칙입니다.

SPSR 법칙은 Situation(상황), Problem(문제), Solution(해결), Realiza-tion(깨달음)의 약자로 상황에 대한 묘사를 한 뒤, 구체적인 문제나 사건, 갈등이 무엇인지, 그 일을 어떻게 해결했는지, 그 일을 통해 깨달은 것은 무엇인지를 구체적으로 말하는 것입니다.

S (상황 묘사)	저는 고등학교 3년 내내 PD의 꿈을 갖고 방송부에서 활동했습니다. 특히, 3학년 때 방송부에서는 축제를 앞두고 동아리 소개 영상 제작을 맡게 됐는데요.
P (문제)	저희는 재미있는 영상 제작을 하고 싶었지만, 선생님께서는 객관적인 정보 전달에 중점을 두라고 하시며, 저희 동아리원들의 의견을 반대하셨습니다.
S (해결)	저희 방송부는 머리를 맞대고 재미와 정보 모두 줄 수 있는 영상을 함께 고민했고, 선생님을 설득해 동아리 회장 소개, 동아리 정보, 인터뷰를 담은 참신한 영상을 제작해 칭찬을 받았습니다.
R (깨달음)	이를 통해 의견 대립이 있을 때 한마음으로 소통한다면 창의적인 아이디어로 더 좋은 결과를 만들 수 있다는 것을 깨달았습니다.

SPSR로 갈등 극복 스토리를 말하면 위의 예시처럼 1분 안에 핵심만 간결히 말할 수 있습니다. 또한, 위의 스토리는 자신의 역량을 드러낼 수 있는 좋은 스토리로 다양한 질문에 대한 답변으로 활용할 수 있습니다. 어떤 면접 질문의 답변에 활용할 수 있을까요?

"자신이 PD로서 자질이 있다고 생각하나요?"

"자신이 고등학교 재학 시절 가장 인상 깊었던 활동은?"

"자신이 리더십이 있는 학생이라 생각하나요?"

"학생의 장점은 무엇이라 생각하나요?"

"고등학교 때 가장 성취감을 느낀 일은 무엇인가요?"

"갈등이 있었을 때, 어떻게 해결했나요?"

"자신은 창의적인 학생이라 생각하나요?"

이러한 다양한 역량을 드러낼 수 있는 좋은 스토리는 돌발 상황에서 안전 벨트나 에어백처럼 충격을 완화해주는 든든한 보호장치에 비유할 수 있습니다. 여러분도 자신의 많은 역량을 드러낼 수 있는 좋은 스토리를 10개 이상씩 준비한다면 면접에 임할 때도 마음이 든든하고 어떤 질문에도 대처할 수 있는 자신감도 생길 거예요.

S : 고등학교 2학년 때 임원이 됐습니다. 화장실 청소를 돌아가면서 해야 했는데요.

P : 학우들이 화장실에서 냄새나고 더럽다며 청소하는 것을 모두 꺼렸습니다.

S : 임원으로서 책임감을 느꼈고, 화장실 청소를 자발적으로 하겠다고 했습니다. 그때 제 단짝 친구 한 명이 저를 도와준다고 나섰고, 이후에는 친구들이 하나둘씩 동참해 6명까지 늘어났습니다. 저는 그런 친구들이 고마워서 마스크와 고무장갑을 주면서 불편하지 않게 배려를 해주었습니다. 또한, 쓰레기통 버리기, 세면대 씻기 등 역할을 분담해서 했습니다. 그 결과, 1시간 걸렸던 화장실 청소를 30분 만에 끝낼 수 있었습니다.

R : 위의 경험을 통해 갈등을 해결하는 데 있어서 다른 사람들이 하기 싫어하는 것을 먼저 나서서 할 수 있는 희생 정신과 실천이 중요하다는 것을 깨달았습니다.

위의 학생은 임원이 되었는데, 화장실 청소를 모두 꺼리는 상황이 발생했습니다. 눈에 띄는 심한 갈등은 아니지만, 임원으로서 다들 꺼리는 상황이 난처했을 것입니다. 학생은 이러한 상황을 가만히 앉아 주시하거나 친구들한테 시키기보다는 솔선수범하여 나섰다고 말하고 있습니다. 그것을 보고 친한 친구들이 나서서 도와주었고, 마스크와 고무장갑을 주고 역할을 분담해서 화장실 청소를 함께 잘 마칠 수 있었다고 말하고 있습니다. 위 학생은 말보다 행동이 앞서는 리더, 행동으로 따르게 하는 리더, 친구들을 배려하는 마음, 소통 능력 등 훌륭한 리더로서 자질을 갖추고 있다고 생각됩니다.

S : 저는 3학년 때 반장을 맡아서 체육 대회 때 반티를 정하게 됐습니다.

P : 그런데 반티를 어떻게 정하는지에 대한 의견 충돌이 있었습니다. 여자 친구들은 화려한 색깔의 반티를 원했고, 남자 친구들은 축구복처럼 단순하고 실용적인 반티를 원했습니다.

S : 저는 SNS를 활용해 의견을 수렴했고, 회의를 열어 토론으로 2주 만에 반티를 결정할 수 있었는데요. 남자친구들이 원하는 흰색 바탕에 땀 흡수가 잘 되는 시원한 소재를 선택했고, 대신 여자 친구들이 원하는 캐릭터를 넣어 반티를 맞추기로 했습니다. 생각보다 예산이 초과되기는 했지만, 의견을 수렴해 모두가 만족할 만한 결과를 낼 수 있어서 뿌듯했습니다.

R : 갈등을 해결하는 데 있어서 충분한 대화가 중요하다는 것을 깨달았고, 대화를 통해 찬반 양측의 의견을 모두 수렴할 수 있는 제3의 합의점을 도출할 수도 있다는 것을 배웠습니다.

위의 학생도 임원으로서 체육대회 반티를 정할 때 발생한 의견 충돌의 경험을 말하고 있습니다. 의견을 수렴하기 위해 노력했다는 이야기와 많은 대화를 통해 친구들의 의견을 모두 충족시킬 수 있는 제3의 합의점을 도출했다는 이야기에서 갈등을 중재하는 능력, 소통 능력, 책임감 등 리더로서의 역량과 자질을 볼 수 있습니다.

학교 임원으로서 갈등을 중재해야 할 일이 많을 것입니다. 앞서 두 사례에서 본 것처럼 구체적인 갈등 중재 사례를 통해 리더로서 자질과 역량을 강조할 수 있습니다.

직접적으로 '저는 행동이 앞서는 리더입니다. 솔선수범하는 리더입니다'라고 말하기보다 리더로서의 역량과 자질을 자연스럽게 스토리로 말하는 것이 면접에서 더 좋은 평가를 받을 수 있는 비결입니다.

실습) SPSR 법칙을 활용해 갈등을 극복했던 스토리를 말해봅시다!

09

가장 힘든 일을 말할 때는?
– CBA 법칙

학생들에게 면접 지도를 하면서, "살면서 가장 힘들었던 경험은 무엇인가요?"라고 물어봤더니 "제 보물 1호였던 강아지가 죽었을 때요", "할머니가 돌아가셨을 때요"라고 눈물을 글썽이며 답하는 학생들이 있었습니다. 이런 답변에서 학생의 역량을 엿볼 수 있을까요? 다시 말하지만, 면접은 단순히 일반적인 인간관계의 대화가 아니라 자신의 역량을 PR 하는 것이 중요하기 때문에 전략적으로 답해야 합니다. 그러면 면접에서 힘든 일을 물어보는 의도가 뭘까요? 학생이 힘든 일을 극복했던 경험을 통해 도전 정신, 인내심, 적응력 등 학생의 성향을 평가할 수 있기 때문입니다. 힘든 일에 대한 질문에서 앞서 배운 SPSR 법칙과 함께 CBA 법칙을 활용하면 됩니다. C는 Challenge, B는 Before, A는 After인데요. 즉, 힘든 일에 대한 답변할 때는 학생의 도전 정신을 드러낼 수 있는 스토리를 선택해 자신의 행동의 전과 후를 비교해서 말하는 것입니다.

Q : 힘든 일은 무엇이었나요?

S : 간호 보건 동아리에서 회장에 당선되지 못해 좌절감을 느낀 적이 있습니다. 저는 3년 내내 동아리 활동을 적극적으로 해왔다고 생각했기 때문에 제가 뽑힐 것이라 확신했고 기대도 컸습니다.

P : 하지만 회장에서 떨어졌고, 부원들에 대한 실망감도 컸습니다.

S : '내가 왜 떨어졌을까?' 이유를 생각해보니 친구들과 더 활발한 소통을 하지 못했기 때문이었습니다. (Before) 그래서 이후에 동아리 구성원으로서 친구들에게 먼저 다가가서 그들의 의견을 경청했습니다. (After) 또한, 동아리의 발전을 위해 '손 씻기 캠페인 활동'을 추진해 학생들의 큰 호응을 얻었습니다. (Challenge)

R : 저는 동아리 회장에 당선되지 못한 실패를 통해 제게 부족한 점이 소통이라는 것을 깨닫게 되었고, 소통을 잘하기 위해서는 부원들의 이야기를 경청하는 것이 중요하다는 것을 깨달았습니다.

위의 학생은 동아리 회장에 떨어진 뒤 소통이 부족했다는 것을 느꼈고, 소통을 잘하기 위해 먼저 다가서서 친구들의 이야기에 경청했습니다. 그 뒤에 동아리 발전을 위해 '손 씻기 캠페인'을 추진해 학생들의 큰 호응을 얻었다고 말하고 있습니다. 힘든 상황에도 굴하지 않고 학생이 새로운 도전을 통해 힘든 상황을 극복하려고 노력한 스토리를 통해 학생의 위기 대처 능력과 문제 해결 능력, 도전 정신, 소통 능력 등 다양한 역량을 엿볼 수 있습니다. 힘든 일에 대한 질문에서는 CBA 법칙, 즉 도전(Challenge)을 통해 힘든 상황을(Before) 어떻게 극복했는지, 어떻게 변화되었는지(After)에 대해 구체적으로 말하면 좋습니다.

실습) **CBA 법칙을 활용해 가장 힘들었던 경험을 말해봅시다!**

10

간접 경험을 활용해 말할 때는?
– QRIH 법칙

학생부에 기록된 내용이 많다면 다양한 스토리를 활용할 수 있겠지만, 학생부의 내용 중 스토리로 말할 만한 것이 없어 고민하는 학생들도 있을 것입니다. 직접 경험 이외에 스토리로 활용할 수 있는 것은 무엇이 있을까요? 책, 영화, TV, 뉴스 기사, 잡지, 신문, 유튜브, 블로그, SNS 등 다양한 미디어 매체를 통해 보고 듣고 느낀 간접 경험도 좋은 스토리가 될 수 있습니다. 또한, 이 경험들을 자신의 전공과 직접적으로 연관되어 있는 스토리나 역량을 드러내는 스토리로 연결해 구체적으로 말하는 것이 중요합니다. 간접 경험을 차별화된 스토리로 활용하기 위해서는 관찰을 통해 자료를 수집하고 기록해야 합니다. 특히, 간접 경험을 활용해 말할 때 QRIH 법칙을 활용해서 말하면 좋은데요. QRIH 법칙은 Quotation, Realization, Influence, Hope의 약자로, 인상 깊었던 구절이나 말을 인용한 뒤, 깨달은 점, 자신에게 미친 영향, 포부 순으로 답변하는 것입니다. 간접 경험을 면접에 어떻게 스토리로 활용하면 좋을지 예시를 통해 살펴보겠습니다.

1) 책을 활용한 간접 경험 스토리

Q : 인상 깊게 읽은 책은?

P : 저는 『어린 왕자』를 인상 깊게 읽었습니다.

R : 인간관계에 대해 성찰하는 계기가 된 책인데요.

E : 어린 시절 동화로도 많이 봤지만, 읽을 때마다 매번 관계에 대한 깨달음을 주기 때문에 세월이 지나도 여러 번 즐겨보며 그 명언들을 되새기고 있습니다. 그중 **'중요한 것은 눈에 보이지 않아. 마음으로 보는 거야'**라는 말이 인상적이었습니다. (Q) 저는 이 책을 읽고 미래의 심리 상담사로 마음으로 보는 노력이 중요하다는 것을 깨달았고, (R) 친구들의 마음을 더욱 공감해주려고 노력했습니다. (I) **'사막이 아름다운 것은 우물을 숨기고 있기 때문이야'**라는 말도 제가 좋아하는 구절인데요. (Q) 모든 사람이 힘든 고난의 순간에도 자신에게 숨겨진 우물을 찾는다면 행복해 질 수 있다는 것을 깨달았습니다. (R) 이후 저도 일상의 숨겨진 우물을 찾으려 노력하게 되었고, 이전보다 훨씬 더 행복해졌습니다. (I)

P : 앞으로 심리 상담사가 되어 사람들이 숨겨진 삶의 우물을 스스로 찾을 수 있도록 돕고 싶습니다. (H)

위의 학생은 『어린 왕자』라는 책을 읽었던 간접 경험을 활용해 면접 답변을 말하고 있습니다. 책의 내용 중 인상 깊었던 두 구절을 인용한 뒤, 깨달음과 자신에게 미친 영향을 말했고, 심리 상담사란 꿈과 연계시켜 포부를 말하고 있습니다. 책을 읽었던 간접 경험을 QRIH 법칙을 활용해 말하니 구체적인 답변이 되었죠?

Q : 인상 깊게 읽었던 책은?

P : 저는 『모리와 함께 한 화요일(Tuesdays with Morrie)』이란 책을 원서로 인상 깊게 봤습니다.

R : 이 책은 모리라는 사회학 교수가 죽음 앞에서 삶을 성찰하는 과정을 담은 책인데요. 이 책을 통해 삶의 의미를 찾게 되었습니다.

E : "The way you get meaning into your life is to devote yourself to loving others, devote yourself to community around you, and devote yourself to creating something that gives you purpose and meaning."이라는 구절이 제일 인상 깊었습니다. (Q) 루게릭병이란 불치병을 선고받고, 시한부 인생을 사는 모리 교수를 통해 삶의 목적과 의미를 정하고 헌신하고 전념하는 것이 중요하다는 것을 깨달았습니다. (R) 이 책을 읽고 꿈에 대해 방황하던 저는 '인생의 의미 있는 목적과 방향은 무엇일까?'라는 질문을 스스로 던지며 꿈에 대해 고민해보게 됐습니다. (I)

P : 그때 교사라는 인생의 목표를 찾게 되었고, 사랑으로 학생들을 보듬어주는 가치 있는 삶을 살겠다는 꿈도 갖게 됐습니다. (H)

위의 학생은 영어 교육과를 지원하는 학생으로 인상 깊게 읽은 책으로 『모리와 함께 한 화요일』을 뽑았고, 인상 깊었던 구절, 깨달음과 함게 인생의 목표를 찾게 되었다고 말하고 있습니다. 또한, 책에서 인상 깊었던 구절을 영어로 말해 미래의 영어 교사로서 학업 역량도 보여줄 수 있고, 꿈을 갖게 된 계기와 어떤 교사가 되고 싶은지에 대해 구체적으로 말하고 있어 전공 적합성과 발전 가능성, 인성 요소에서 모두 좋은 평가를 받을 수 있겠죠?

* 전공 관련 도서 활용 예시

P : 우리나라 여성 외교관이 쓴 김효은 씨의『외교관은 국가대표 멀티 플레이어』란 책이 인상 깊었습니다.

E : 그중 '외교관에게 있어 가장 중요한 역량은 지식과 생각을 말로 잘 표현하는 능력'이란 말이 가슴에 와 닿았습니다. (Q) 많은 생각과 지식들을 갖추고 있어도 정확히 잘 표현하지 못하면, 상대 국가를 설득하지 못하고, 타협도 이끌어 낼 수 없다고 생각합니다. (R) 그래서 저는 지식과 생각을 잘 표현하기 위해 teaching 공부법을 활용해서 선생님처럼 말로 직접 설명하는 방식으로 공부하기 시작했습니다. 교육 멘토링을 통해, 잘 가르치는 방법에 대한 고민도 해보았고, '잉차 잉차'란 동아리를 만들어 역사 토론을 나누며 소통 능력을 키우기 위해 노력했습니다. (I)

P : 앞으로 외교 분쟁이 발생했을 때 상대 국가를 잘 설득하고 타협할 수 있는 소통 능력을 가진 외교관이 되기 위해 계속 노력할 것입니다. (H)

학생들에게 인상 깊었던 책을 질문하면, 전공 관련 도서를 가장 많이 말합니다. 전공 관련 책을 통해 전공 관련 지식과 자신의 역량을 돋보이게 만들 수 있기 때문입니다. 물론 전공 관련 책을 많이 읽은 학생일수록 관심과 열정이 많고, 꿈을 이루기 위해 적극적으로 노력했다는 것을 증명할 수 있겠죠. 만약 면접에서 전공 관련 책을 언급했다면, 면접관은 그 책을 읽었을 가능성이 높기 때문에 꼬리 질문을 할 수 있습니다. '책에 이러한 내용이 있는데, 어떻게 생각하나요?' 이렇게 날카로운 질문을 던지는 경우도 있습니다.

학생이 독서 활동에 전공 관련 책을 처음부터 끝까지 다 읽지 않았다거나 너무 오래되어 내용이 잘 기억나지 않는다면 이런 질문이 당황스럽겠죠? 면접이 코앞에 닥쳐서 독서 활동 기록을 찾아보는 학생들도 있는데, 시간이 오래 걸리므로 벅차고 힘듭니다. 그래서 학생부에 기재되어 있는 책들은 평소에 저자, 줄거리, 인상 깊었던 구절, 느끼고 깨달은 점, 나에게 미친 영향, 다짐과 포부 등을 독서 활동 기록부에 평소에 꼼꼼히 기록해놓는 습관을 지니면 면접을 준비할 때 큰 도움이 됩니다.

2) 영화를 활용한 간접 경험 스토리

여러분들 중 영화 좋아하는 학생들이 많죠? 전공 분야와 연관된 영화를 소재로 말한다면 풍성한 스토리를 만들 수 있습니다. 앞서 PREP 법칙을 설명할 때 '아이언맨'이란 영화를 활용했던 것 기억나시죠? 영화를 스토리로 활용하기 위해서는 내용뿐 아니라, 영화 속 등장인물의 말에 귀 기울여보면서 인상 깊었던 말도 찾아보세요. 면접에서 인용을 활용해 말한다면 더 임팩트 있게 말할 수 있습니다.

Q : 어떤 호텔리어가 되고 싶은가?

P : 마음으로 고객과 공감하는 호텔리어가 되고 싶습니다.

E : 영화 '인턴'을 보면, 로버트 드니로가 시니어 인턴으로 등장해 30대에 성공한 CEO에게 인생의 조언을 해줍니다. 그녀가 슬플 때 손수건을 빌려주면서 '손수건은 나를 위해 소지하는 것이 아니라 남에게 빌려주기 위한 것이다'라는 말을 건넵니다. (Q) 이 말을 듣고 관계에 있어 상대방에게 관심을 갖고, 위로와 격려를 전하는 따뜻한 마음이 중요하다는 것을 깨달았습니다. (R) 이후 고민이 많은 친구의 말을 경청하며 따뜻한 위로와 격려를 전하려고 노력했습니다. (I)

P : 미래에 호텔리어가 되어 고객에게 손수건을 빌려주며 진심으로 공감의 말을 건넬 수 있는 사람이 되고 싶습니다. (H)

3) TV 프로그램을 활용한 간접 경험 스토리

TV 프로그램을 볼 때도 전공 분야와 연관있는 다큐멘터리 같은 다양한 정보가 있는 프로그램을 찾아본다면 좋은 스토리를 만들 수 있습니다. 앞서 언급한 것처럼 TV 프로그램을 볼 때도 관찰하고 기록해야 면접에서 활용할 수 있는 유용한 스토리가 되겠죠?

Q : 어떤 호텔리어가 되고 싶나요?

P : 저는 '다큐 3일' <호텔리어> 편에 나왔던 모든 인물들이 존경스러웠

습니다.

E : 고객을 안내하는 게스트 서비스팀에 근무하는 한 분은 출퇴근하는 지하철에서 계속 웃는 연습을 하고 새벽 3시에 일어나지만, **"일하는 자체로 행복하다"**고 말했습니다. 또한, 18년째 연회 서비스 관리를 하는 분은 **"고객을 청중으로, 호텔리어는 무대에 오르는 연기자이기에 매일 무대에 오른다는 즐거운 마음으로 일한다"**고 말씀하셨는데요. (Q) 고객 만족을 위해 보이지 않는 곳에서 사명감을 갖고 다른 역할을 수행하는 것이 중요하다는 것을 깨달았습니다. (R) 그분들의 말씀을 상기하며 호텔리어로서의 꿈을 키웠습니다. (I)

P : 저도 그들처럼 무대에 즐거운 마음으로 오르는 연기자처럼 일하며 행복을 느끼는 호텔리어가 되고 싶습니다. (H)

P : 저는 교사의 꿈을 갖고, '수업을 바꿔라'란 TV 프로그램을 인상 깊게 봤습니다.

E : 그중 창의력 지수가 높은 스웨덴 미르쉐 학교의 오감 교육이 인상적이었습니다. 숲에 가서 조원과 함께 솔방울 길이 구하기, 나무 밑동 길이 재기 같은 과제를 수행하며 수학적 개념을 익히고 자연과 교감하며 배우는 오감 수업이 인상적이었습니다. 특히, **'놀이가 수업이다. 평가가 아닌 성장이 목표다'라는 말이 와 닿았는데요.** (Q) 이 프로그램을 보면서, 아이들의 오감 수업의 중요성에 대해 깨닫게 되었고 (R) 외국의 사례를 보면서 우리나라 교육의 방향성에 대해 구체적으로 고민해보게 됐습니다. (I)

P : 교사가 되어 오감을 활용한 수업을 연구하고 적용해 우리나라 아이

들의 창의성 향상과 성장에 기여하고 싶습니다. (H)

4) 뉴스 기사를 활용한 간접 경험 스토리

뉴스 기사를 볼 때도 전공 분야에 관련된 기사를 스크랩해놓는다면 면접에서 좋은 스토리로 활용할 수 있습니다. 인상 깊은 기사를 볼 때마다 휴대폰으로 링크를 보내 따로 저장해놓는 것도 좋은 방법입니다. 저도 인상 깊은 기사가 있다면 그때마다 휴대폰에 링크를 저장해놓는데요. 이 기사들이 강의를 할 때 유용한 스토리가 됩니다. 그래서 저는 가슴에 와 닿는 기사를 발견할 때 마치 숨겨진 보물을 발견한 듯한 기쁨을 느낍니다. 여러분도 평소에 스토리를 많이 수집해놓는다면 면접 준비를 할 때 시간과 노력을 많이 절감할 수 있겠죠?

Q : 변리사의 꿈을 갖게 된 계기는?

P : 삼성과 애플의 특허 분쟁에 관한 기사를 보며 '변리사'라는 직업에 관심을 가지게 되었습니다.

E : '삼성은 애플과의 분쟁 이후에도 약 150건의 특허 소송을 국내외 업체로부터 당했다'는 기사를 읽으며, (Q) 국내의 기술력과 세계시장에 진출해 경쟁력이 높아졌다는 생각을 하게 됐습니다. (R) 이렇게 첨단기술이 발전하면서 변리사의 지식 재산권 창출과 보호할 사례가 증가하고 그 필요성을 절실히 느끼며 꿈을 갖게 되었습니다. (I)

P : 해박한 이공계 전문 지식뿐만 아니라 논리적 언어 능력과 사람을 대하는 능력을 갖추고 외국어와 나라마다 다른 특허 제도에 대해 공부

해 국제 거래를 담당하는 변리사가 되고 싶습니다. (ㅂ)

실습) 인상 깊게 본 책, 영화, TV, 뉴스 기사 이야기를 QRIH 법칙을 활용해 말해봅시다!

11

아이스 브레이킹 질문에는?
– 감.바.삼 법칙

면접관과 학생은 처음 만났기 때문에 어색할 것이고, 학생은 어떤 질문이 나올지 모르기 때문에 많이 긴장되고 떨릴 것입니다. 이때 면접관은 지원자의 긴장을 풀어주기 위해 편하게 대답할 수 있는 '아이스 브레이킹(ice breaking)' 질문을 던집니다. 아이스 브레이킹은 처음 만났을 때 어색하고 차가운 분위기를 깨뜨리는 것을 말합니다. 예를 들면, "긴장되죠?", "아침밥 먹었나요?", "오래 기다렸죠?", "우리 학교 오니까 느낌이 어때요?" 등과 같은 질문이 바로 '아이스 브레이킹' 질문입니다. 이러한 유형의 질문은 면접관이 학생에게 던지는 첫 질문으로 학생의 첫인상을 결정짓는 데 큰 영향을 미칠 수 있습니다. 그래서 학생은 면접관의 아이스 브레이킹 질문에 대해 너무 짧은 한마디의 단답형으로 답하지 말고, 자신만의 솔직하고 구체적인 이야기로 위트 있게 답하는 것이 좋습니다. 학생의 답변에 면접관이 미소를 짓게 된다면 호감 가는 첫인상을 만들 수 있고, 학생은 긴장이 풀려 보다 편안하게 면접을 볼 수 있을 것입니다. 이렇게 면접을 편안하게 잘 본다면 당연히 합격할 가능성도 높아지겠죠? 이때 답변이 너무 길어지지 않도록 유의해야 하며, 가볍고 예의 없는 학생으로 느껴지지 않도록 조심해야 합니다. 아이스 브레이킹 질문에 감.바.삼 법칙을 활용해 센스 있게 답하면 좋은데요. 감.바.삼 법칙이란 솔직한 감정과 바람을 말하고 3문장 이상으로 답하면 좋다는 것입니다. 인간관계에서 감정을 말한다는 것은 마음의 문을 열었다는 것이기 때문에 감정을 상대방에게 솔직히 말할 때 사람들은 호감을 느끼게 됩니다. 그리고 쉬운 질문에도 PREP 법칙을 활용해 구체적으로 답한다면 첫인상에 대한 호감을 높일 수 있습니다.

Q : 긴장되죠?

P : 네.

R : 오랫동안 꿈꿔왔던 대학이라 긴장이 많이 됩니다.

E : 기회가 한 번뿐이고, 잘 봐야 한다는 생각에 부담도 되지만, 한편으로 학교에 오니 설렘으로 떨리기도 합니다.

P : 오늘 면접을 잘 봐서 간절한 꿈이 꼭 현실로 이뤄졌으면 좋겠습니다.

"긴장되죠?"라는 첫 질문에 "네, 긴장됩니다"라고 단답형으로 답하면 분위기가 어색하겠죠? 긴장되고 부담되지만, 설렘으로 떨린다는 감정을 말한다면 분위기가 한결 부드러워질 것입니다. 이렇게 처음 만난 사람에게 감정을 말하기 쉽지 않지만, 먼저 솔직한 감정을 드러낸다면 소통 능력이 뛰어난 학생이라는 생각이 들겠죠?

Q : 아침밥 먹고 왔나요?

P : 네, 먹고 왔습니다.

R : 어머니께서 맛있는 미역국을 끓여주셨는데요.

E : 미역국을 먹으면 시험에서 미끄러져서 떨어진다는 속설이 있지만, 부모님께서는 미끌미끌 답변을 잘하라고 하셨고 떨어지면 내가 끓여준 미역국 탓이니 걱정하지 말고 편히 면접을 보라고 응원해주셨습니다. 어머니의 말씀이 큰 힘이 됐는데요.

P : 오늘 면접 잘 봐서 그동안 뒷바라지하며 고생하신 부모님께 합격이란 선물을 드리고 싶습니다.

아침밥을 먹고 왔느냐는 질문에 "네, 먹고 왔습니다"라고 단답형으로 답하는 것보다 구체적으로 무엇을 먹고 왔는지 말한다면 호감을 줄 수 있습니다. 아침밥을 먹은 사람은 많지만, 아침에 어떤 음식을 먹었는지는 각각 다르기 때문입니다. 위의 예시처럼 면접 때 잘 먹지 않는 미역국을 먹은 이야기는 면접관의 궁금증과 흥미를 유도할 수 있겠죠? 마지막에 고생하신 부모님께 합격이란 선물을 드리고 싶다는 이야기로 효심이 깊은 학생이라는 생각이 듭니다.

Q : 오래 기다리느라 힘들었죠?

P : 두 시간 정도 기다렸지만, 시간이 무척 빨리 가서 힘들지 않았습니다.

R : 오히려 마인드 컨트롤을 하며 긴장을 풀 수 있었는데요.

E : 대기실에서 함께 지원한 사람들과 대화를 하며 친분을 쌓을 수 있었

고, 학교를 자세히 둘러볼 수 있어서 좋았습니다. 오히려 저보다는 면접을 오랫동안 보시느라 면접관분들이 더 힘드실 것 같습니다.

P : 이곳에 합격한다면 더 기다릴 자신도 있습니다.

"오래 기다리느라 힘들었죠?"라는 질문에 "힘들지 않았습니다"라고 단답형으로 답하지 말고 왜 힘들지 않았는지, 기다리며 무엇을 했는지에 대해 구체적으로 말한다면 인성에서 좋은 평가를 받을 수 있겠죠? 위의 답변을 통해 학생이 함께 지원한 사람과 친분을 쌓을 정도로 소통 능력이 뛰어난 사람이고, 학교를 관심 있게 둘러보고 합격을 위해 더 기다릴 수 있다는 말을 통해 학교에 대한 애착이 많고 들어가고 싶은 간절함이 크다는 것을 보여줄 수 있습니다. 그리고 면접을 보시는 면접관들이 더 힘들 것이라는 말을 통해 상대방을 배려하는 따뜻한 학생이라는 긍정적인 이미지를 줄 수 있습니다.

면접은 면접관과 소통하는 것이고, 합격하기 위해서는 첫인상을 좋게 만들어 호감을 얻는 것이 중요합니다. 그래서 묻는 것에 단답형으로 무뚝뚝하게 답하는 것이 아니라, 마음의 문을 열고 자신의 감정과 바람을 세 문장 이상으로 말해 능동적으로 '아이스 브레이킹' 하는 것이 필요합니다. 면접관 역시 사람이기에 학생의 진정성과 따뜻한 마음이 담긴 말은 면접관의 마음도 움직일 것입니다. 첫인상을 결정짓는 첫 '아이스 브레이킹' 질문에 감.바.삼 법칙을 활용한다면 호감도를 높일 수 있다는 것 기억하시고 활용해보세요!

실습) 감.바.삼 법칙을 활용해 아이스 브레이킹 답변을 만들어봅시다!

긴장되죠?

아침밥 먹고 왔나요?

오래 기다리느라 힘들었죠?

12

지원 동기를 말할 때는?
– DEH·DVL 법칙

지원 동기는 학교에 지원한 이유, 학과에 지원한 이유, 두 가지로 나눠서 생각해볼 수 있습니다. "왜 우리 학과에 지원했나요?", "왜 많은 대학 중 우리 학교에 지원했나요?"가 대학에서 가장 많이 물어보는 질문인데요. 학과 지원 동기에서는 자신의 꿈을 실현하기 위해 학과를 선택했다는 것을 학생부에 있는 다양한 직간접 경험 스토리를 활용해 개연성 있게 말해야 합니다. 또한, 해당 대학에 지원한 동기에 대해서는 학교에 대한 많은 정보를 수집해 분석한 뒤, 그중 학생에게 인상 깊었던 것을 소재로 활용해 꿈을 실현하기 위한 최고의 학교라는 확신이 들었다는 것을 설득해야 합니다. 대학과 학과 홈페이지뿐만 아니라 학교 신문이나 잡지, 인터넷 뉴스 검색, 유튜브 채널, SNS 등을 통해 최근 이슈, 학교에 관련된 차별화된 프로그램이나 행사 등을 꼼꼼히 조사해야 차별화된 답변을 만들 수 있습니다.

지원 동기에 관한 질문이 가장 기본적이고 중요한 질문인데, 누구나 답할 수 있는 뻔한 답변을 하는 학생들이 많습니다. 예를 들면, 학교 지원 동기를 말할 때 인재상이나 목표를 활용해 "학교의 비전이 제가 추구하는 비전과 같기 때문입니다"라고 말합니다. 어떻게 지원 동기를 설명해야 뻔하지 않은 참신하고 차별화된 자신만의 답변이 될 수 있을까요?

1) 학과 지원 동기를 말할 때는? DEH 법칙

먼저 학과 지원 동기를 말할 때는 DEH 법칙을 활용하면 됩니다. DEH란 Dream 자신의 구체적인 꿈과 Effort 자신의 꿈을 위해 노력한 스토리를 말한 뒤, Hope 꿈을 통해 이루고 싶은 바람에 대해 말하는 것입니다. 어떻게 DEH 법칙을 활용해 학과 지원 동기를 답변하는 것이 좋은지 예를 들어 설명해보겠습니다.

예) 학과 지원 동기 - 아동복지학과

P : 저는 가정 폭력으로 상처 입은 아이들의 마음을 어루만져주는 아동 심리치료사가 되고 싶습니다. (D)

E : 초등학생 멘토링, 유치원, 어린이집 봉사 활동을 하며, 아이들을 가르치는 유치원 교사를 꿈꾸었습니다. 그러다 3학년 과제 연구 수업에서 '아동 폭력의 원인과 해결 방안'에 대해 조사를 하면서 가정 폭력으로 심한 정신적 상처를 받은 아이들을 치유해주고 싶은 꿈을 갖게 되었습니다. 그때 아동폭력 문제를 해결하기 위해서는 사랑과 보호로 부모, 교사, 사회가 함께 노력해야 한다는 것을 깨달았습니다.

그리고 또래 상담 동아리에서 활동하며 상담을 통해 심리적인 안정을 되찾고 회복될 수 있다는 것을 배웠습니다. (E)

P : 아동 심리 치료사가 되어 가정 폭력으로 상처받은 아이들의 마음을 치유할 수 있는 사람이 되고 싶습니다. (H)

위의 학생은 아동 심리 치료사라는 꿈을 갖고 아동복지학과에 지원했습니다. 아동 심리 치료사의 꿈을 이뤄 가정 폭력으로 상처 입은 아이들의 마음을 어루만져주고 싶다고 구체적으로 말하고 있어 기억에 더 남죠? 그러한 꿈을 갖게 된 계기와 노력으로 초등학생 멘토링, 유치원, 어린이집 봉사 활동, 아동 폭력의 원인과 해결 방안에 대한 과제 조사, 또래 상담 동아리 활동을 했던 스토리를 활용하고 있습니다. 마지막에 가정 폭력으로 상처받은 아이들의 마음을 치유하고 싶다는 포부를 말함으로써 자신의 꿈을 강조하고 있습니다.

예) 학과 지원 동기 - 광고홍보학과

P : 제 꿈은 SNS 마케터로 사람들의 참여와 호응을 이끌어내는 창의적인 광고를 만들고 싶습니다. (D)

E : 저는 마케터로서 경험이 중요하다고 생각해 자율 동아리 FLOM을 만들어, 축제 부스를 직접 기획했습니다. 전과 달라진 운영 방식을 '꽝이 뭣이 중헌디, 미니게임이 있는디'와 같이 당시 유행어로 슬로건을 만들어 SNS로 홍보해 적극적인 참여를 이끌었습니다. 또한, 경제 골든벨 사회를 직접 맡아 기획했는데요. 문제와 힌트도 만들고, 학생들과 선생님들도 함께 어울릴 수 있도록 인터뷰와 패자부활전을

선생님의 제기차기 개수로 정하는 등 다양한 이벤트를 준비했습니다. 이 경험을 통해 광고에 있어 소통으로 참여와 호응을 이끌어내는 것이 중요하다는 것을 깨달았습니다. (E)

P : 미래의 SNS 마케터로 많은 사람들과 소통하며, 참여와 호응을 이끌어 우리나라 광고 산업 발전에 기여하고 싶습니다. (H)

위의 학생도 꿈을 단순히 광고 기획자가 아니라 소통으로 참여와 호응을 이끌어내는 SNS 마케터라고 구체적으로 말하고 있습니다. 또한, 꿈과 관련된 노력으로 광고 자율 동아리에서 축제 부스를 기획하며 SNS에 홍보한 활동, 경제 골든벨 사회를 보면서 패자부활전으로 선생님 제기차기 게임을 기획한 활동을 스토리로 말하고 있죠? 마지막으로 SNS 마케터가 되어 우리나라 광고 산업 발전에 이바지하고 싶다는 포부를 말하고 있습니다. 여러분도 DEH 법칙으로 학과 지원 동기를 자신감 있게 말할 수 있겠죠?

실습) DEH 법칙으로 학과 지원 동기를 말해봅시다!

2) 학교 지원 동기를 말할 때는? DVL 법칙

"왜 많은 대학들 중 우리 학교를 지원했나요?"라는 질문을 한다면 학교의 차별화된 점을 언급해야겠죠? 앞서 배운 것처럼 먼저 학교에 대한 다양한 자료를 수집해야 양질의 고급 정보를 얻을 수 있습니다. 학교의 홈페이지뿐 아니라 홍보 동영상, 학교 신문과 잡지, 인터넷으로 학교 최근 이슈 검색, 유튜브 채널, 블로그, SNS 등을 찾아보면 다른 학교와 차별화된 장점들을 찾을 수 있는데요. 시간이 제한되어 있으니 모든 장점을 나열할 수는 없겠죠? 학교 지원 동기를 말할 때는 DVL 법칙을 활용하시면 좋습니다. DVL은 Dream, Value, Learning의 약자로 앞의 학과 지원 동기에 대한 답변처럼 자신의 구체적인 꿈을 말하고(D), 꿈을 이루기 위해 중요하게 생각하는 가치를 말하고(V), 학교가 이 중요한 가치를 배우고(L) 성장시킬 수 있는 최고의 대학이라고 말하며 학교의 장점을 근거로 말하는 것입니다. 학교의 장점을 말할 때는 모두 다 알고 있는 정보가 아니라 정보의 수집을 통해 찾아낸 다른 학생들은 잘 모르는 고급 정보를 활용하시면 스토리의 임팩트가 더해지겠죠?

예를 들면, 학교의 이념, 인재상은 모두 알고 있는 것이기에 식상한 스토리가 될 수 있습니다. 대신 학교의 특별한 행사나 프로그램, 동아리, 교수님 정보, 학교 시설 등을 활용하는 것이 좋습니다. 그러면 '이런 세세한 정보까지 알다니 우리 학교에 대한 관심과 열정이 대단하구나'라고 면접관이 감탄할 것입니다. DVL 법칙을 어떻게 활용해 학교 지원 동기를 말하면 좋을지 예를 들어보겠습니다.

예) 학교 지원 동기

제 꿈은 대한산업보건협회에 취업해 근로자의 건강을 증진시키는 것입니다. (D)
제 꿈을 이루기 위해서는 전문성(V)이 중요하다고 생각합니다. ○○ 대학은 이론적 지식을 바탕으로 다양한 경험을 통해 배우는 대학으로 ○○

○ 커리큘럼과 ○○○ 실습과 인턴, 현장 학습 등으로 산업 보건 분야의 전문성을 갖출 수 있습니다. (L)

또한, 무엇보다 이 꿈을 위해서는 사랑과 봉사(V)가 중요하다고 생각합니다. 국내외 활발한 봉사를 실천하는 사랑 나눔 봉사단을 통해 다양한 사람들을 만나서 소통 능력을 배울 수 있고요. (L) 인성 교육원이 따로 마련되어 있어, 올바른 인성을 함양할 수 있습니다. (L) 그래서 ○○대학교가 제 꿈을 실현시킬 수 있는 최고의 대학이라 생각해 지원하게 되었습니다.

위의 학생은 대한산업보건협회에 취업하고 싶다는 구체적인 꿈을 말하고 있습니다. 꿈을 이루기 위해 중요하다고 생각하는 가치는 전문성, 사랑과 봉사이며, 이 학교가 이러한 가치를 배우고 성장시킬 수 있는 최고의 대학이라는 것을 교육 프로그램과 동아리 사랑 나눔 봉사단 활동, 학교 시설인 인성 교육원을 활용해 말하고 있습니다.

제 꿈은 컴퓨터 백신을 개발하고 보급하는 시스템 컨설팅을 수행하는 정보 보안 전문가입니다. (D)

그 꿈을 실현하기 위해 소통 능력과 혁신을 위한 창의력과 도전 정신(V)을 키우는 것이 중요하다고 생각합니다.

첫째, ○○대는 창의력과 도전 정신을 중요시하고 스스로 성장할 수 있게 도와주는 대학입니다. 국내 대학 최초로 새로운 지식 창조를 위한 학생 전공 공간인 파이빌을 만들었는데요. '건축이 곧 ○○대의 생각이고 ○○인의 도전이 되는 공간이다'라는 문구가 인상 깊었습니다.

둘째, 최근 공과 대학 신문을 창간해 다른 학문과 연계한 소통을 위해 적극적으로 노력하고 있습니다.

셋째, 공학 교육 혁신 센터가 있어 체계적인 교육으로 글로벌한 공학 전문 인력 양성하는 대학입니다. (ㄴ)

정보 보안 전문가로서 상상력과 창의력, 소통, 협력, 혁신으로 4차 산업 혁명을 이끌어가는 인재의 꿈을 이룰 수 있다고 확신합니다.

위의 학생은 자신의 꿈이 컴퓨터 백신을 개발하고 보급하는 시스템 컨설팅을 수행하는 정보 보안 전문가라고 밝히고 있죠? 또한, 꿈을 이루기 위한 중요한 가치로 소통 능력과 혁신을 위한 창의력과 도전 정신이라고 말하며 학교에서 이러한 가치를 배울 수 있다는 것을 학교의 시설인 파이빌과 공학 교육 혁신 센터, 공과 대학 신문을 창간했다는 스토리를 근거로 들어 말하고 있습니다. 이런 다양한 고급 정보를 찾으려면 학교에 대한 꼼꼼한 조사가 선행되어야겠죠?

만약 "지원 동기가 무엇인가요?"라고 물어본다면 학과와 학교에 지원한 동기를 섞어서 대답하면 됩니다. 이때 내용이 길어질 수 있으니 학교 지원 동기를 줄여서 지원하는데 가장 큰 영향을 미친 장점을 1가지 정도로 요약해 말하는 것이 좋습니다.

실습) DVL 법칙을 활용해 학교 지원 동기를 말해봅시다!

13

학업 계획을 말할 때는?
- DCA 법칙

면접에서 지원 동기와 함께 많이 물어보는 질문이 학업 계획입니다. '어떻게 입학 후 공부할 것인가?'에 대한 질문은 학생의 발전 가능성을 평가하는 질문인데요. 이때 구체적으로 말하기 위해서는 DCA 법칙을 활용하면 좋습니다. DCA는 Dream, Course, After의 약자로 자신의 꿈에 대해 먼저 말한 뒤, 입학 후 구체적으로 어떤 과정을 통해 노력하며 성장할 것인지 밝히고, 졸업 이후의 계획 순으로 말하는 것입니다.

학업 계획을 구체적으로 말한 학생일수록 면접관은 목표 의식이 뚜렷해 실행할 확률이 높다고 생각할 것입니다. 입학 후 어떻게 노력하며 성장할 것인지 구체적으로 말하기 위해 커리큘럼과 동아리, 자격증 취득, 교내외 프로그램과 행사, 대회, 전공 선택, 대학원 진학 여부 등을 활용해 자기 주도적으로 심화 학습을 하고, 학우들과 소통과 협업을 통해 성장할 것이라고 말하면 좋습니다. DCA 법칙을 활용한 학업 계획 답변 예시를 살펴볼까요?

제 꿈은 불평등 문제를 협력으로 해결해 나가는 외교관입니다. (D) 입학 후 영미권의 역사와 문화적 이해를 바탕으로 인문학적 소양과 공감 능력을 키우겠습니다. 또한, 한국 발전과 국제 개발 협력 연계 전공으로 창의 융합적 역량을 기르고, 대학원에서 국제 관계를 전공해 전문성을 쌓아 불평등 문제를 해결할 수 있는 새로운 외교의 패러다임을 모색해보겠습니다. (C)

졸업 후에는 외교부에 들어가 개도국의 발전을 이끄는 다자 협력을 위한 정책을 연구하고 협약을 이끌기 위해 노력할 것입니다. 대사로 일하며 NGO, 지역, 국가의 자발적 참여와 협력을 이끌어 불평등 문제 해결에 기여하고, 현장 경력을 쌓아 다자외교조정관이 되어 지속 가능한 목표로 세계 포럼을 이끌어 불평등을 넘어 모두가 공정한 세상이 될 수 있도록 힘쓰겠습니다. (A)

위의 학생은 영어영문학과에 지원한 학생인데, 외교관의 꿈을 구체적으로 불평등 문제를 협력으로 해결하는 외교관이라고 밝히고 있습니다. 또한, 입학 후 계획으로 교육 과정을 통해 인문학적 소양과 공감 능력을 키울 것이며, 한국 발전과 국제 개발 협력 연계 전공을 선택한 뒤, 대학원에서 국제 관계 전공으로 역량을 키워 나가겠다고 말하고 있습니다. 졸업 후에는 외교부에 들어가 다자 협력 정책을 연구하고 대사와 다자외교조정관까지 하겠다며, 구체적인 학업 계획을 말하고 있습니다. 예시에서 보는 것처럼 계획이 구체적으로 세워져 있어야 꿈을 실행할 가능성이 높다고 판단해 좋은 평가를 받을 수 있습니다.

저는 공공 거버넌스 분야의 변호사가 되는 것이 꿈입니다. (D) 이 꿈을 이루기 위해 첫째, 단기계획으로 행정학이라는 전공 분야를 깊이 더 배우겠습니다. 비교정책론, 비교발전행정론, 복지정책론, 정책학개론 등의 커리큘럼을 통해 행정 분야를 다채롭게 공부하고 싶습니다.

둘째, 지식을 이론에 그치지 않고, 실무 경험을 쌓으며 몸으로 부딪히며 배우겠습니다. 공공정책 답사도 가보고, 서울고등법원 행정 인턴 지원, 법무부 기자단 지원 등 실무 경험을 쌓을 계획입니다.

셋째, 장기계획으로 행정학과 법학회에 들어가서 행정학적 지식을 쌓는 것과 동시에 법조인으로서의 기초적인 소양을 쌓을 것입니다. (C)

졸업 후 로스쿨에 들어가 행정학과 법학의 연계를 통해 공공 거버넌스 분야 변호사의 꿈을 이뤄 정책 수립과 결정 과정에 국가에 의해 피해 본 사람들을 대변해 정의를 실현하는 사람이 되겠습니다. (A)

위의 학생은 공공 거버넌스 분야의 변호사란 꿈을 이루기 위해 행정학과에 지원했습니다. 특히, 계획을 단기와 장기로 나눠 세 가지로 구체적으로 말하고 있죠? 단기계획으로 학과 커리큘럼 중 관심 있는 몇 개를 말한 뒤, 공공정책 답사, 서울고등법원 행정 인턴 지원, 법무부 기자단 활동으로 실무 경험을 쌓겠다고 말하고 있습니다. 또한, 장기계획으로 행정학과 법학회에 들어간다는 것과 졸업 후 로스쿨에 들어가 공공 거버넌스 분야 변호사의 꿈을 이뤄 정의를 실현하는 사람이 되고 싶다는 포부를 밝히고 있습니다. 이렇게 계획과 목표를 DCA 법칙을 통해 구체적으로 말한다면 적극적이고 진취적인 학생으로 좋은 평가를 받을 수 있을 것입니다.

실습) **DCA 법칙을 활용해 학업 계획을 말해봅시다!**

14

존경하는 인물을 말할 때는?
– 전공 분야의 인물 말하기

존경하는 인물을 묻는 경우 대중들에게 잘 알려진 인물과 사실에 대해 언급한다면, 식상한 답변이 되겠죠? 누구나 존경하는 잘 알려진 인물보다는 잘 알려지지 않은 전공 분야의 훌륭한 인물을 예로 들어 답변하는 것이 좋습니다. 인물을 언급한 뒤에는 구체적인 스토리가 나와야 참신한 답변이 될 수 있겠죠?

만약 전공 관련 인물을 잘 모른다면, 인터넷에 자신의 희망하는 진로 희망을 검색해 현직에 계신 분들의 인터뷰 기사를 찾아 읽어보거나 현업에 오랫동안 종사하신 분들이 쓰신 에세이를 찾아보는 것도 좋은 방법입니다. 그분들의 이야기에 귀 기울이다 보면 꿈을 이루기 위해 어떤 역량이 필요하며, 어려움은 무엇이고, 어떤 준비를 해야 할지 자세히 알 수 있게 될 것입니다.

1) 전공 분야 인물

P : 제가 존경하는 인물은 노먼 포스터입니다.

R : 현대적인 건축 방법에 친환경적인 요소를 결합시켜 건물을 짓는 것이 인상 깊었습니다.

E : 특히, 재활용된 철을 이용해 건물을 짓고 빗물을 건물의 온도 조절에 사용하는 건물인 허스트 타워가 인상 깊었습니다.

P : 영국과 홍콩 등 많은 지역에서 노먼 포스터의 건축물들이 랜드마크를 담당하고 있는데 저도 한국을 대표하는 친환경 건축물을 짓고 싶습니다.

P : 『비상』이란 책을 쓰신 이원익이란 분을 존경합니다.

E : 그분이 쓴 책은 제게 도전과 열정을 심어줬고, 학업에 동기 부여가 많이 됐습니다. 그분은 조종사의 꿈이 절실했지만, 고2 때 시력 저하란 절망적인 소식을 접하게 됩니다. 하지만 꿈에 대한 열정으로 민간인 최초로 프랑스 전투기 라펠 평가 비행에 성공하고, 항공 전문지 저널리스트, 하버드 케네디 스쿨에 합격했습니다. 지금은 한국항공우주산업 과장으로 우리나라 항공 분야의 발전을 위해 힘쓰고 계신데요. 그 모습을 보면서 많이 반성했습니다. 또한, 조종사의 꿈을 확고히 할 수 있었고, 더 공부에 매진할 수 있었습니다.

P : 그분처럼 도전 정신과 열정으로 꿈을 이루기 위해 노력하며, 항공 산업의 발전을 위해 힘쓰겠습니다.

위의 예시처럼 전공과 관련된 인물을 활용한다면 자신의 전공 적합성과 발전 가능성을 돋보이게 만들 수 있습니다. 또한, '자신의 롤모델은?', '10년 후 나의 모습은?', '이 꿈을 이루는 데 필요한 역량은 무엇인가?' 등 여러 질문에 대한 답변으로 유용하게 활용할 수 있습니다.

실습) **전공 분야의 존경하는 인물에 대해 구체적인 스토리를 활용해 말해봅시다!**

15

본인을 뽑아야 하는 이유는?
– TAM 법칙

학생들이 가장 어려워하는 질문 중 하나가 "왜 본인을 뽑아야 하나요?"라는 질문입니다. 자신이 원하는 대학에 합격하고 싶지만, 왜 학교 입장에서 본인을 뽑아야 하는지에 대한 자신감이 부족하기 때문이죠. 본인을 뽑아야 하는 이유를 말해야 한다면 TAM 법칙을 활용하세요.

TAM법칙은 Talent, Advantage, Mission의 줄임말로 학교의 인재상(Talent)과 최고의 장점 스토리(Advantage), 진로에 대한 사명감(Mission) 순으로 말하는 것입니다. 학교의 인재상은 학교마다 다르기 때문에 이 질문에 대한 답변은 학교마다 다르게 준비해야겠죠?

○○대학은 도전적이고 창의 융합적이고 공감 능력을 갖춘 인재를 선호합니다. 또한, 책 속에 머무는 것이 아니라 실천하는 지성인을 양성하는 대학입니다. (T)

저는 경영 동아리를 통해 지속적인 기업의 성장을 위한 공유 가치 실현 방안을 모색해보았습니다. 폐자전거 튜브를 활용해 가방을 제작하는 사회적 기업, 이웃 간 공동 육아를 위한 폐쇄형 SNS인 '넥스트 베이비'를 모의 창업하면서, 융합으로 새로운 사업 모델을 창출하는 것이 중요하다는 것을 배웠습니다. (A)

제 꿈은 농업 스타트업 기업가로 스마트 농업 기술 교육으로 양질의 노동력을 창출하고 토지를 효율적으로 활용할 수 있도록 도와 라틴 아메리카의 불평등 해소와 지속 가능한 성장이 이뤄질 수 있도록 돕고 싶습니다. 라틴 아메리카에 대한 이해와 소통 능력을 키워 ICT기술을 활용한 농업 스타트업 기업가의 꿈을 실현해 미래 사회를 창의적으로 개척하며 인류의 번영과 발전에 이바지하겠습니다. (M)

위의 학생은 서어서문학과에 지원한 학생으로 꿈이 라틴 아메리카에서 활동하는 농업 스타트업 기업가였습니다. 학교의 인재상으로 도전적, 창의 융합적, 공감형 인재임을 밝혔고, 실천하는 지성인을 양성한다고 말하면서 자신이 꿈을 향해 노력했던 경험 중 가장 많은 노력을 기울인 스토리를 활용해 실천하는 지성인의 모습을 강조했습니다. 또한, 미래의 꿈에 대한 사명감으로 농업 스타트업 기업가로 라틴 아메리카의 불평등 해소와 지속 가능한 성장을 돕고 싶다고 말하고 있습니다.

실습) TAM 법칙을 활용해 자신을 뽑아야 하는 이유를 자신 있게 설득해보세요!

16

시사 이슈에 대한 의견을 말할 때는?
- ORORE 법칙

논란의 여지가 많은 시사 이슈에 대한 의견을 묻는다면? 어떻게 답해야 할까요? 이때는 5단 구성으로 ORORE 법칙을 활용한다면 논리적으로 말할 수 있습니다. O는 Opinion으로 찬성과 반대 입장에 대해 밝히는 것이고, R은 Reason으로 이유를 말하는 것입니다. 그다음 O는 Objection으로 나올 수 있는 반론을 제기하는 것이고, R은 Refutation으로 반론을 반박하는 것이죠. 마지막 E는 Emphasis로 주장을 강조하면 됩니다.

【 5단 구성으로 말하기 】

1. O - Opinion 주장하기

 – 저는 …라고 생각합니다. 찬성합니다. 반대합니다.

2. R - Reason 이유

 – 왜냐하면… 때문입니다.

3. O- Objection 반론 제기

– 물론 ···한 문제도 발생할 수 있습니다.

4. R - Refutation 반론 반박

– 하지만 ···문제는 ···해결할 수 있습니다.

5. E - Emphasis 주장 강조

– 따라서 저는 ···라고 생각합니다. 찬성합니다. 반대합니다.

예) 인공 지능의 발전은 인간에게 위기인가? 기회인가?

구성	답변 내용
주장 (O)	저는 인공지능의 발전에 위기의식을 느끼고 대비해야 한다고 생각합니다.
이유 (R)	왜냐하면 인공지능은 딥마인드를 통해 스스로를 계속 발전시켜 극단적으로 인간을 지배할 수 있기 때문입니다. 컨설팅 회사인 가트너는 수년 내에 의사·변호사·교수·기자·컨설턴트 등 전문직이 하고 있는 업무의 3분의 1 이상이 인공지능으로 대체될 것으로 예상된다고 말했습니다.
반론 제기 (O)	물론 인공지능 프로그램을 짜는 일을 비롯해 새로운 직업들이 생겨날 것이라고 기대하는 사람들도 있습니다. 또한, 단순 반복 작업을 인공지능이 처리하기에 인간의 삶의 질이 향상될 것이라고 주장하기도 합니다.
반론 반박 (R)	하지만 현재 없어지는 일자리는 눈에 띄게 많아지고 있고, 새로운 일자리가 생긴다는 것은 불확실합니다. 새로운 일자리가 생긴다고 해도 사람들이 그에 맞지 않은 역량을 갖추지 않으면 일을 할 수 없을 것입니다.
주장 강조 (E)	따라서 우리는 위기의식을 갖고 대비하는 것이 필요합니다. 예를 들어, 교육 분야에서 주입식 교육은 인공지능 로봇이 할 수 있기 때문에 사람만이 할 수 있는 대체 불가능한 역량을 키우는 교육을 해야 한다고 생각합니다. 비판적 사고력, 창의력, 소통 능력이 인공지능이 대체할 수 없는 능력이라 생각하는데요. 이 능력을 길러 4차 산업혁명 시대를 이끌어나가는 인재가 되기 위해 노력할 것이고, 이러한 역량을 기르는 교육을 하는 교사가 될 것입니다.

구성	답변 내용
주장 (O)	저는 인공 지능이 인간에게 새로운 자본과 기회라고 생각합니다.
이유 (R)	인공 지능이 다양한 분야에 활용돼 인간의 능력으로 해결할 수 없는 문제를 해결해 인간의 삶의 질적 향상에 기여하고 있기 때문입니다.

반론 제기 (O)	물론, 일자리 문제에 있어서 경제 논리로만 인공지능 시대를 맞이한다면 사회는 절망에 빠질 것입니다. 그래서 인공지능이 테러나 범죄에 악용되는 것을 막기 위해 인공지능을 발전시키는 사람의 판단과 노력이 올바른 방향에 있는 것이 중요합니다. 컴퓨터의 발전으로 사라진 일자리를 대신해 고부가가치 산업이 탄생한다는 것처럼 일자리는 사라지는 것이 아니라 이동한다는 것이 더 적절한 표현이라 생각합니다.
반론 반박 (R)	정부가 이에 대처하는 사회 구조적 보완책을 준비한다면 인공지능이 우리 사회와 지구촌에 더 나은 미래가 될 수 있을 것입니다. 인공지능 시대에 맞게 사회 시스템을 개혁하고, 인공지능의 윤리 문제, 인공지능과 관련한 법 제정을 비롯해 예상 가능한 문제들에 대해 시뮬레이션을 해봐야 할 것입니다.
주장 강조 (E)	인공 지능을 개발하면서 더불어 사는 세상에 대한 가치를 회복한다면 새로운 자본과 기회를 창출할 수 있다고 생각합니다.

실습) 시사 이슈를 하나 선택해 ORORE 5단 구성으로 의견을 말해봅시다!

17

단점을 물어본다면?
- YE 법칙

면접에서 자신을 PR해야 하기에 장점만 말해야 한다고 생각하고, 단점을 말하지 않으려는 학생들이 많습니다. 치명적인 단점을 말하는 것은 마이너스 요소이지만, 어느 정도의 단점을 의도적으로 말하고, 그 단점을 극복하기 위해 노력하고 있다는 것을 말한다면, 오히려 좋은 답변이 될 수 있습니다.

여러분은 친구들에게 자신의 고민과 걱정을 털어놓나요? 마음의 문을 연 친구에게만 자신의 마음을 말하게 되고, 서로 경청하고 공감하며 친해지게 되죠? '물이 맑으면 물고기가 살 수 없다'는 말이 있습니다. 너무 완벽해보이는 사람은 호감을 얻기 힘듭니다. 그리고 사실 완벽한 사람은 없습니다. 모든 사람에게 단점 한 가지는 있습니다. 자신의 장점만 말하는 사람은 잘난 척한다는 느낌이 들지만, 단점을 이야기하고 노력하고 있다는 이야기를 한다면 학생의 발전 가능성을 돋보이게 만들 수 있습니다. 또한, 처음 본 낯선 사람에게 단점을 말한다는 것은 소통 능력이 있는 학생으로 인성 요소에서도 좋은 평가를 받을 수 있겠죠?

1) 단점을 말할 때 YE법칙

단점을 말할 때는 YE 법칙을 활용하면 좋은데요. Y – YES 단점을 인정하고, E – Effort 단점을 극복하기 위해 노력한 점에 대해 말하면 좋습니다. 예시를 통해 살펴볼까요?

Q : 자신의 꿈인 PD로서 단점이 있나요?

P : 제 단점은 낯을 가리는 성격이라 생각합니다.

R : PD는 많은 사람들과 일하기 때문에 친화력이 중요한데 낯가림이 있다는 것은 PD로서 큰 단점이라 생각합니다.

E : 낯가림을 극복하고 친화력을 키우기 위해 현재 복지관과 요양원에서 봉사 활동을 하면서, 다양한 사람들을 만나고 있습니다.

P : 대학교에 입학한 뒤 ○○ 봉사 동아리에 들어가 재능 기부도 하고 많은 사람들과 만나 친화력을 키울 수 있도록 노력하겠습니다.

위 학생은 PD로서 친화력이 좋지 못하다는 점을 말하고, 이를 위해 다양한 봉사 활동을 하고 있다고 말하고 있습니다. 적극적으로 자신의 단점을 극복하기 위해 노력하고 있고, 봉사 활동을 열심히 하는 마음이 따뜻한 학생이란 느낌이 듭니다.

Q : 성취감을 느꼈던 경험은?

P : 저는 발표 불안증이 있어서 항상 발표를 피했습니다.

E : 이런 제가 싫었고, 이것을 극복하기 위해 직접 부딪혀봐야겠다고 생각했습니다. 그래서 역사에 대해 조사하고 발표하는 교내 포럼에서 발표를 자처했습니다. 발표를 잘해내고 싶었기 때문에 일주일 내내 한 시간 이상씩 실전 리허설 연습을 했고, 준비도 철저히 했습니다. 그 결과 성공적으로 발표를 마칠 수 있었고, 장려상이라는 쾌거를 거둘 수 있었습니다.

P : 저는 이 경험을 통해 큰 성취감을 느꼈고, 위기는 변화의 기회라는 것도 깨닫게 되었습니다.

위 학생은 자신의 약점이었던 발표 불안증을 드러내고, 그것을 극복하기 위해 노력했던 스토리를 말하고 있습니다. 학생은 발표 불안증을 극복하기 위해 교내 포럼에서 발표를 맡았고, 일주일 내내 한 시간 이상씩 실전 리허설 연습을 했다고 말하고 있습니다. 그 노력의 결과로서 장려상을 받았다는 이야기와 위기를 통해 발전할 수 있다는 깨달음을 말하고 있습니다. 이 학생은 위기 상황에도 피하지 않고, 부딪혀서 이겨낼 수 있는 도전 정신과 긍정적인 성격을 가진 학생이라고 생각됩니다.

실습) 자신의 단점에 대해 YE 법칙으로 말해봅시다!

2) 압박 질문에도 YE 법칙

면접에서 면접관이 일부러 학생의 약점이라 생각하는 부분에 대해 꼬집어 질문하는 경우가 있습니다. 이것을 압박 면접이라고 하죠? 면접관이 학생이 마음이 들지 않아서 그런 것이 아니라, 압박의 상황에서 어떻게 대처하는지 보면서 학생들의 역량을 평가하기 위해 압박 질문을 하는 경우가 있습니다.

이때도 변명하지 말고 YE 법칙을 활용해 단점에 대해 인정하고, 그것을 보완하기 위해 노력한 점을 말하면 됩니다. 만약 노력한 것이 없다면 앞으로 부족한 점을 채우기 위해 어떤 노력을 기울일지 구체적으로 말하면 됩니다. "왜 결석이 많나요?"라는 질문에 "많이 아팠어요." 학생들은 "2분 늦었는데 체크가 됐어요"라며 변명하는 학생들이 있었습니다. 압박 질문에 변명으로 답하는 것은 자신의 과오를 반성할 줄 모르는 학생으로 보여질 수 있습니다.

이때 "네, 결석이 많습니다. 이 점이 참 아쉽습니다. 사실 제가 2학년 때 체력 관리를 잘하지 못해서 많이 아팠습니다. 하지만 이 경험을 통해 공부를 잘하기 위해 체력도 중요하다는 것을 깨닫고, 약한 체력을 극복하기 위해 매일 운동을 하려고 노력했습니다. 그 결과, 3학년 때는 모두 개근을 할 수 있었습니다"라는 답변으로 단점을 보완하기 위해 적극적인 노력을 해서 지금은 그렇지 않다고 대답하는 게 좋겠죠? 압박 질문에 YE 법칙을 활용한 또 다른 사례를 들어보겠습니다.

학생부 내용에 봉사를 통해 나눔을 실천하기 위해 노력했다고 기재되어 있는데, 실제 봉사 활동 시간은 100시간 정도밖에 안 되네요? 그 이유가 무엇인가요?

제가 3학년 때는 학업에 집중하면서 봉사에 소홀했습니다. (Y)

하지만 대학에 입학하면 제가 3학년 때 학업 때문에 소홀했던 봉사 활동을 열심히 할 것입니다. 또한, 재능 기부단이라는 봉사 활동에 참가하여 제 지식이 필요한 사람과 함께 나누며 꿈을 키워나가고 싶습니다. (E)

우리 학교에 오기엔 영어 성적이 너무 낮네요?

영어가 기초가 많이 부족해서 다른 과목들에 비해 성적 낮습니다. (Y)

아직 많이 부족하기에 대학에 가면, 국제 교류 본부에 정규반과 집중반을 장기 수강하고 외국인 교수님, 학우들과 친분을 쌓아 외국어 소통 능력을 향상시키겠습니다. 영어 실력을 향상시켜 세계 생명 과학 인재들과 어깨를 나란히 하면서 공동 연구도 하고 싶습니다. (E)

실습) 학생부를 보며 자신의 약점이 무엇인지 생각해보세요! 이것을 묻는 압박 질문에 YE법칙을 활용해 말해봅시다!

18

돌발 상황에
대처하는 법은?

면접은 어떤 일이 일어날지 모르는 생방송과 같기 때문에 여러 가지 돌발 상황이 발생할 수 있습니다. 면접관은 돌발 질문을 통해 학생의 임기응변 능력, 인성, 가치관 등을 알 수 있어 의도적인 돌발 질문을 던져 학생을 당황스럽고 난처하게 만들기도 합니다. 돌발 질문은 합격이란 결실을 거두기 위해서는 겪어야 할 면접의 필수 관문이라 생각하고 피하지 말고 정면 돌파해봅시다. 그러면 면접에서 당황스러운 순간, 어떻게 대처하면 좋을까요?

1) 질문을 이해하지 못했을 때

죄송하지만, 제가 질문의 뜻을 제대로 이해하지 못했습니다. 다시 한번 말씀해주시면 감사하겠습니다.

면접을 볼 때 긴장을 해서 면접관의 질문을 못 들었거나 이해되지 않을 때도 있을 것입니다. 모의 면접을 할 때 "이런 상황이 왔을 때 어떻게 할 것인가?"라고 질문하면 학생들은 "다시 한번 질문해주시겠습니까?"라고 말하는 경우가 많습니다. 하지만 '-까'로 끝나는 말은 강한 어조로 공손하지 않게 보일 수도 있습니다. 대신에 "죄송하지만, 제가 질문의 뜻을 제대로 이해하지 못했습니다. 다시 한번 말씀해주시면 감사하겠습니다"라고 말하는 것이 좋습니다. 이때 표정과 목소리가 중요한데, 양해를 구하는 진지한 표정과 '도' 톤의 낮은 톤으로 말하는 것이 좋습니다.

2) 답변이 잘 생각나지 않을 때

잠시 생각할 시간을 주시면 감사하겠습니다.

답변이 잘 생각나지 않을 때 "잘 모르겠습니다. 죄송합니다"라고 단답형으로 말한다면 성의가 없고 쉽게 포기하는 학생으로 비칠 수 있습니다. 이럴 때는 "잠시 생각할 시간을 주시면 감사하겠습니다"라고 양해를 구한 뒤, 10초 이내로 답변하는 것이 좋습니다. 생각을 정리할 때는 중요한 키워드를 머릿속으로 정리한 뒤, 말하는 것이 효과적입니다.

생각을 해봤는데도 잘 모르겠다면 "그 부분은 잘 모르지만 ~한 부분은 알고 있습니다. 질문하신 부분은 미처 생각하지 못했지만, 그 질문에 대한 답을 아는 것은 중요하다고 생각합니다. 제가 ~한 노력으로 답변을 찾아서 다음에 뵐 때 꼭 말씀드리겠습니다. 그리고 부족한 점을 채워서 성장하는 학생이 되겠습니다"라고 질문과 연계된 답변을 한 뒤, 부족한 부분을 채우기 위해 더 노력하겠다는 답변을 한다면 면접관에게 최선을 다하고, 열정적이며 발전 가능성이 있는 학생이라는 긍정적인 이미지를 줄 수 있겠죠?

만약 돌발 질문에 논리적으로 답할 수 없다면, 당황하지 말고 웃으면서 재치 있게 답변하는 것이 좋습니다. 한 학생이 실전 면접에서 독서활동 기록에 나온 책에 대해 면접관이 갑자기 저자에 대해 물어봤는데, 기억이 잘 나지 않았다고 합니다. 이 학생은 당황했고 "잘 기억나지 않습니다"라고 답해서 크게 후회했다고 합니다. 이때 "이 책이 2년 전에 읽어서 저자는 잘 기억나지 않지만, 내용은 …한 것입니다"라고 기억 나는 부분을 강조해 말하면 됩니다.

저는 기상캐스터로 10년간 날씨를 생방송으로 전하면서 수많은 돌발상황에 직면했습니다. 컴퓨터 그래픽 화면이 잘 나오지 않는 경우, 준비중에 갑자기 카메라에 on-air 빨간 불이 켜지는 경우, 갑자기 멘트를 잊어버린 경우, 앵커가 기상 센터를 연결해 예기치 않은 질문을 던지는 경우 등 진땀 나는 상황이 많았습니다. 신입 때는 돌발 상황들이 두려워서 생방송이 정말 긴장되고 힘들었습니다. 제대로 순발력 있게 대처하지 못해서 방송사고로 이어진 날에는 자책하고 힘들었지만, 돌발 상황들을 많이 겪으면서 언제든 돌발 상황이 있을 수 있다는 것을 인정하고 받아들이게 되었습니다. 그 과정을 겪으며 두근거리던 심장이 단단해졌고, 부족했던 순발력과 위기 대처 능력도 생기게 되었습니다. 무엇보다 시

청자들이 방송사고라고 느끼지 않도록 당황하지 않고 침착하게 어떤 말이라도 하는 것이 돌발 상황을 현명하게 대처하는 것임을 경험을 통해 배웠습니다.

면접의 돌발 상황도 마찬가지로 생방송과 비슷하기 때문에 여러분도 모의 면접을 많이 해서 돌발 질문에 익숙해진다면 침착하고 여유롭게 대처할 수 있을 것입니다.

실습) 돌발 상황에 대한 답변을 연습해봅시다!

【 질문을 이해하지 못했을 때 】

죄송하지만, 제가 질문의 뜻을 제대로 이해하지 못했습니다. 다시 한번 말씀해주시면 감사하겠습니다.

【 답변이 잘 생각나지 않을 때 】

잠시 생각할 시간을 주시면 감사하겠습니다. 그 부분은 잘 모르지만 ~ 부분은 알고 있습니다. 제가 질문하신 부분은 미처 생각하지 못했지만, 그 질문에 대한 답을 아는 것은 중요하다고 생각합니다. 제가 ~한 노력으로 답변을 찾아서 다음에 뵐 때 꼭 말씀드리겠습니다. 그리고 부족한 점을 채워서 성장하는 학생이 되겠습니다.

19

마지막으로 하고 싶은 말은?
- QH 법칙

대학에서 면접 마지막 질문으로 "마지막 하고 싶은 말 있어요?"라고 묻는 경우가 많기 때문에 필수 질문으로 미리 준비해야 합니다. 이때는 QH 법칙으로 인용(Quotation)과 자신의 진로의 최종 목표로 열정과 사명감을 강조한 포부(Hope)를 활용해 말해봅시다. 하지만 유명한 사람이 말해 널리 알려진 명언은 누구나 알고 있기 때문에 임팩트를 주기 힘듭니다. 예를 들면, '노력은 배신하지 않는다', '최선을 다하지 않으면서 좋은 결과를 바라지 마라', '실패는 성공의 어머니' 등과 같은 명언을 인용하는 것은 피해야 합니다. 그래서 인용을 활용할 때는 간결하고 짧은 문장으로 잘 알려지지 않은 명언을 활용하는 것이 좋습니다. QH 법칙을 활용한 예시를 살펴볼까요?

제가 좋아하는 한 과학 커뮤니케이터가 이런 말을 했습니다. **'좋은 과학자는 만 명을 먹여 살리지만 한 명의 과학 커뮤니케이터는 100명의 과학**

자를 길러낸다.' (Q)

저는 과학을 문화로 생각하며 소통하는 것이 더 중요하다고 생각합니다. 저는 과학의 대중화를 위해 노력하며, 100명 이상의 유능한 과학자를 양성하는 과학 커뮤니케이터가 되고 싶습니다. (H)

'21세기 문맹은 읽고 쓰지 못하는 사람이 아니라 배운 것을 잊고 새로운 것을 배울 수 없는 사람이다'라고 미래학자 앨빈 토플러가 말했습니다. (Q) 저는 배운 것을 익히고, 새로운 것을 배우고 창조해가는 ○○대 학생이 되겠습니다. (H)

데카르트라는 수학자가 이렇게 말했습니다. **'내가 푼 모든 문제는 다른 문제를 풀기 위한 기준이 되었다.'** (Q) 저도 지금 발전 단계에 있는 재난과 빅데이터 융합의 길을 이어받아 정확하고 효율적인 데이터 분석으로 재난에 대비할 수 있는 방법을 찾아 저의 연구가 후에 이 분야의 발전의 기준이 되도록 노력하겠습니다. (H)

'도전은 인생을 흥미롭게 만들며 도전의 극복은 인생을 의미 있게 한다'는 말이 있습니다. (Q) 스포츠 에이전트는 무한한 성장 가능성이 있는 불모지라고 볼 수 있는데요. 그래서 스포츠 에이전트가 더 끌립니다. 이 분야에 도전 정신을 갖고, 불모지를 개척해서 성장과 혁신을 이루겠습니다. (H)

'경영이란 마케팅과 혁신을 통해 고객을 창조하는 것'이라고 생각합니다. (Q) 혁신과 진정성 있는 마케팅으로 고객의 새로운 경제적 만족을 창출하는 마케터가 되고 싶습니다. (H)

'R = VD'다. 이것은 『꿈꾸는 다락방』이라는 책에 나오는 꿈을 이루는 공식입니다. realization = vivid dreaming 즉, '생생하게 꿈을 꾸면 현실로 이루어진다'는 말인데요. (Q)
○○대를 통해 관제사란 꿈을 이루는 것을 간절히 바라며 생생하게 꿈꾸어 왔습니다. 이 꿈이 현실이 될 수 있는 시작이 오늘이 될 수 있길 간절히 소망합니다. (H)

이렇게 잘 알려지지 않은 명언과 함께 자신의 진로 분야에 대한 사명감과 열정을 강조하는 포부를 넣을 때 임팩트가 생기는 것을 볼 수 있죠? 명언을 활용할 때 메시지의 힘이 강력해집니다.

잘 알려지지 않은 명언을 찾기 힘들다면 자신의 진로 희망 분야에 계신 분들, 지원 대학의 총장님, 학과의 교수님 등의 인터뷰 기사를 찾아본 뒤, 그분들의 말을 인용하면 좋습니다.

실습) QH 법칙을 활용해 마지막으로 하고 싶은 말을 만들어봅시다!

20

효과적인 면접 연습법은?
– 5단계 연습법

면접 연습은 어떻게 하면 좋을까요? 많은 학생들이 면접 연습을 할 때 예상 질문에 답을 빼곡히 적어서 그대로 외웁니다. 하지만 시간적 여유가 없는 상태에서 이렇게 연습한다면 비효율적이고, 말을 하기보다 외워서 읽는 듯한 부자연스러운 느낌이 듭니다. 효과적인 면접 연습법인 5단계 연습법을 배워볼까요?

1) 1단계 – 스피치 공식을 선택해 답변 만들기

1단계로 앞서 배운 PREP 법칙을 비롯한 다양한 스피치 공식을 활용해 면접 답변을 만듭니다. 질문에 어떤 법칙을 활용해야 할지 생각한 뒤 선택을 해야겠죠? 글로 먼저 답변을 적는 것은 생각을 정리하기 위함이지, 읽기 위해 쓰는 것이 아닙니다. 결국은 말로 답변을 하는 것이기 때문에 글로 적을 때는 입으로 말하면서 적는 것을 추천해드립니다. 자신의 입말로 적어야 외우기도 쉽고 자연스럽게 말이 나올 수 있습니다.

2) 2단계 – 키워드 선택해 흐름 암기하기

2단계는 키워드를 선택해 흐름을 암기하는 것입니다. 키워드란 자신이 그 단어를 들었을 때 문장이 기억나게 만드는 핵심 단어를 말합니다. 답변 전체의 흐름을 키워드와 함께 암기하고, 키워드에 살을 붙여 말하는 것을 연습하는 것이 효과적인 연습법입니다.

3) 3단계 – 이미지를 그리는 비주얼 싱킹 암기법

3단계는 이미지를 그려 내용을 기억하는 비주얼 싱킹 암기법입니다. 키워드가 많아져서 외우기 힘든 경우가 있기 때문에 비주얼 싱킹법을 함께 활용한다면 도움이 많이 될 것입니다.

4) 4단계 – 카메라로 영상 찍기 + 모니터링

4단계는 앞에서 만든 답변을 연습한 뒤, 카메라로 영상을 찍어보고 모니터링을 해보는 것입니다. 표정, 눈맞춤, 제스처는 어색하지 않은지 살펴보고, 목소리에 진정성이 느껴지는지 내용 연결은 자연스러운지 모니터링을 해봅니다. 모니터링 과정을 통해 '아- 어- 이제' 같은 습관어를 사용하거나 눈을 깜박인다든가, 머리를 흔드는 등 좋지 못한 습관들을 발견할 수 있습니다. 많은 학생들이 자신의 모습이 보기 싫다며 안 보려고 하는데요. 자신의 모습이 마음에 들지 않고 쑥스럽겠지만, 문제를 직면해야 고칠 수 있겠죠? 이때 단점만 보지 마시고 이전보다 나아진 장점도 찾아보세요. 자신감은 앞서 말했듯이 작은 성공을 반복할 때 생기는 것이기에 전보다 나아진 점을 찾아 칭찬하는 것이 중요합니다.

5) 5단계 - 실전 모의 면접 + 모니터링

5단계로는 가족, 친구 등 지인들과 모여 실전 모의 면접을 해보는 것입니다. 이때 모의 면접을 동영상으로 촬영해 자신의 모습을 객관적으로 피드백을 받는 것이 좋습니다.

모의 면접과 동영상 촬영을 많이 해서 부족한 점을 발견했다면 보완하기 위해 계속 노력해야겠죠? 말하는 습관을 하루아침에 고치기는 힘들겠지만, 간절함을 갖고 의식적으로 노력한다면 단기간에 고칠 수도 있습니다. 그러면 5단계 면접 연습법을 예시로 설명해드리겠습니다.

① 1단계 - 스피치 공식을 선택해 답변 만들기

자기소개 - 진.지.강.포 법칙

	답변
진로희망	저는 깨소금 같은 교사가 되고 싶습니다. 깨소금이란 학생들과 소통하며 깨달음을 주고, 인생의 소중한 금언을 해줄 수 있는 교사를 말합니다.
지원동기	'No man is an island' 라는 시에 이런 구절이 나옵니다. 'No Man is an island entire of itself ; every man is a piece of the continent.' 이 시를 읽고 난 뒤, '연결된 관계 속에서 어떻게 필요한 도움을 줄 수 있을까?'에 대해 진지하게 고민해보게 되었고, 영문학을 통해 깨소금 같은 영어 교사가 되고 싶다는 꿈을 갖게 되었습니다.

강점	저는 'early bird'란 별명이 있습니다. 매일 일찍 일어나 왕복 3시간 동안 통학하면서, 3년 내내 개근했습니다. 또한, 2년 동안 학급 임원 활동을 하면서, 학급 친구들과 소통하려는 모습이 마치 지저귀는 새와 같다며 친구들이 지어준 별명입니다.
포부	일찍 일어나는 새가 벌레를 많이 잡듯 이제 ○○대학교의 early bird가 되고 싶습니다.

② 2단계 – 키워드 선택해 흐름 암기하기

	키워드	답변
진로희망	깨소금, 뜻	저는 깨소금 같은 교사가 되고 싶습니다. 깨소금이란 학생들과 소통하며 깨달음을 주고, 인생의 소중한 금언을 해줄 수 있는 교사를 말합니다.
지원동기	No man is an island 영어교사	'No man is an island' 라는 시에 이런 구절이 나옵니다. 'No Man is an island entire of itself ; every man is a piece of the continent.' 이 시를 읽고 난 뒤, '연결된 관계 속에서 어떻게 필요한 도움을 줄 수 있을까?'에 대해 진지하게 고민해보게 되었고, 영문학을 통해 깨소금 같은 영어 교사가 되고 싶다는 꿈을 갖게 되었습니다.
강점	early bird 통학 개근 2년 임원	저는 'early bird'란 별명이 있습니다. 매일 일찍 일어나 왕복 3시간 동안 통학하면서, 3년 내내 개근했습니다. 또한, 2년 동안 학급 임원 활동을 하면서, 학급 친구들과 소통하려는 모습이 마치 지저귀는 새와 같다며 친구들이 지어준 별명입니다.
포부	early bird	일찍 일어나는 새가 벌레를 많이 잡듯 이제 ○○대학교의 early bird가 되고 싶습니다.

키워드로 선택해 흐름을 외울 때는 이 키워드가 잘 보일 수 있도록 색깔별 형광펜을 활용해 표시해주면 기억하기 쉬워질 것입니다. 이 키워드의 흐름을 기억해 살을 붙여서 문장으로 말하는 연습을 하는 것이 자연스럽게 말할 수 있는 비결입니다. 앞의 예시를 한 글자도 안 틀리고 그대로 말하려고 한다면 당연히 외운 티가 나게 되고 감정 없이 읽는 것 같은 느낌이 많이 들겠죠?

③ 3단계 – 이미지를 그리는 비주얼 싱킹 암기법

앞의 예시를 비주얼 싱킹법에 활용하면 더 쉽게 흐름을 암기할 수 있습니다. 처음 진로 희망 부분에 키워드가 깨소금이니 종이에 깨소금을 그립니다. 깨소금 옆에 교사의 모습을 간단히 그립니다. 지원 동기에는 시집을 그려 넣고, 시집 제목에 'No man is an island'라고 적어줍니다. 그리고 인상 깊었던 구절을 기억할 수 있도록 원을 그려 대륙과 도움이라는 말을 적어 넣습니다. 원 밖에 영어 교사의 그림을 그립니다. 강점으로는 새를 한 마리 그린 뒤, 버스를 그립니다. 친구들과 소통하는 그림을 그리고 임원이라는 글자를 적어줍니다. 포부에는 학교를 그린 뒤 새를 그립니다. 이미지와 키워드를 보면서 말을 한다면, 내용을 더 쉽게 암기하고 오랫동안 기억할 수 있을 것입니다.

④ 4단계 – 카메라로 영상 찍기 + 모니터링

키워드와 비주얼 싱킹 암기법을 활용해 자연스럽게 말하는 연습을 어느 정도 했다면, 셀프 동영상 촬영으로 모니터링을 해봅시다!

⑤ 5단계 – 실전 모의 면접 + 모니터링

가족, 학생 등 지인들과 모의 면접을 한 영상을 찍어 모니터링하는 시간을 갖습니다. 아래의 면접 평가표를 활용해주세요.

【 주의해야 할 점! 】

말을 할 때 표준어를 구사하고 있는지, 높임말을 잘 사용하고 있는지 점검해봐야 합니다. 학생들이 가장 많이 틀리는 표현 중 하나가 '저희 나라'라고 말하는 것인데요. 저희 나라가 아닌 '우리나라'로 표현해야 한다는 것도 꼭 기억해주세요!

모니터링을 할 때 남들과 비교하는 것이 아니라, 자신의 어제와 오늘을 비교해야 합니다. 자신을 객관적으로 바라보며 고치려는 노력을 계속해 나갈 때 변화하고 성장할 수 있겠죠? 부족하다고 자신을 탓하기보다 자신을 사랑하는 마음으로 장점을 칭찬하고 단점을 보완하려는 노력을 지속한다면, 면접에 대한 자신감이 쑥쑥 자라게 될 거예요. 앞에서 배운 여러 스피치 공식을 활용해 효과적인 면접 연습을 하면서, 면접을 두려움이 아닌 설렘으로 즐기고 원하는 대학에 합격하는 기쁨을 누릴 수 있길 소망합니다.

실전 모의 면접 평가

이름		일시	

평가 요소	평가 주안점	매우 우수	우수	보통	부족	문제
시각	눈맞춤을 잘하고 있나요?					
	시선을 자연스럽게 이동하나요?					
	제스처를 적절히 사용하나요?					
	표정은 내용에 따라 다양하게 짓고 있나요?					
	고개가 비뚤지 않나요?					
	몸을 좌우로 흔들고 있지 않나요?					
목소리	목소리 크기는 적절한가요?					
	목소리의 높낮이 변화가 있나요?					
	말의 속도는 적당한가요?					
	말의 여유가 느껴지나요?					
	강조법을 잘 활용하고 있나요?					
내용	불필요한 습관어는 없나요?					
	짧고 간결하게 말하고 있나요?					
	어순에 맞게 잘 말하고 있나요?					
	표준어를 구사하고 있나요?					
	높임말을 잘 사용하고 있나요?					
	논리적으로 말하고 있나요?					
	메시지의 임팩트가 있나요?					
	스피치 공식을 잘 활용하고 있나요?					
단점						
장점						

대학별 인성 면접
기출문제

서울대

1. 이 학과에 지원한 이유에 대해서 말해주세요.
2. 자신의 장점은 무엇이라고 생각하는지 말해주세요.
3. 자기소개부터 해볼까요?
4. ○○○란 책을 읽었네요? 읽고 난 후 느낀 점과 인상 깊었던 점을 이야기해주세요.
5. 대학교를 졸업하고 나서 하고 싶은 것은 무엇인가요?
6. ○○○Ⅱ 과목을 선택했는데 왜 굳이 그 과목을 선택했나요?
7. ○○○에 대해 토론을 했다고 학생부에 있는데, 본인은 어떤 입장이었나요?
8. 본인의 좌우명이 무엇이고, 그 좌우명을 실천한 사례를 이야기해주세요.
9. ○○○란 책을 읽었는데 왜 읽었는지 말해주세요.
10. 동아리명이 ○○○로 특이한데 어떤 의미가 있는지 이야기해주고, 본인이 그 동아리에서 가장 잘했다고 생각한 활동 한 가지를 이야기해주세요.

고려대

1. 본인의 장점은 무엇인가요?
2. 본인이 가장 잘하는 과목과 못하는 과목은 무엇이고, 못하는 과목을 극복한 사례를 말해주세요.
3. 내신 성적이 1, 2, 3학년 계속해서 높은데 자신만의 공부 방법이 있나요?
4. 고교 시절을 100점 만점으로 한다면 본인은 몇 점을 주고 싶은가요?
5. 대학에 진학하면 우리 과에 관련된 학문을 배울 텐데, 본인이 가장 배우고 싶은 세부 분야는 무엇인가요?
6. 본인이 생각하는 ○○○(전공학문)은 무엇이라고 생각하나요?
7. 최근에 읽은 진로와 관련된 책이 있나요?
8. 고교 시절 후회했던 경험은 무엇인가요?
9. 진로와 관련해서 기억에 남는 일화가 있다면 말해보세요.
10. ○○○ 대회에서 상을 수상했는데 어떻게 준비했고, 어떤 것이 기억에 남나요?

연세대

1. 본인이 고교 시절 한 협력 활동 중에서 가장 인상 깊었던 활동이 있다면 무엇인가요?
2. 마지막으로 할 말 있어요?
3. 지원 동기가 무엇인가요?
4. 10년 후 무엇을 하고 있을 것 같나요?
5. 가장 의미 있었던 활동은 무엇인가요?
6. 동아리 활동 중 기억에 남는 것을 말해보세요.
7. 학급회장을 한 기록이 있는데 어떤 어려움이 있었나요?
8. 고교생활 중 어떤 어려움이 있었고, 그것을 어떻게 극복하였나요?
9. 독서 활동에서 가장 기억에 남는 책은 무엇이고, 그에 따라 책을 읽기 전과 후에 어떤 변화가 있었나요?

성균관대

1. 다른 대학은 어디 지원하셨나요?
2. 본인의 구체적인 진로 계획은 무엇인가요?
3. 자신의 꿈인 ○○○로서 가지고 있는 강점과 약점은 무엇인지 말해주세요.
4. 자신의 약점을 어떻게 극복했나요?
5. 본인의 수상 이력 가운데 가장 기억에 남는 상이 있다면 무엇인가요?

중앙대

1. 진로 희망을 보니까 1학년 ○○에서 2학년부터는 ○○○로 바뀌었는데 진로가 바뀐 이유가 있나요?
2. 마지막으로 준비한 말이 있다면 해볼래요?
3. 책을 많이 읽었는데요. 1학년 때 읽은 책 ○○○에 대해서 말해주세요.

4. 3학년 때 읽었던 ○○○란 책에 대해서 설명해주세요.

5. 동아리 활동 중에서 해당 학과와 관련 있는 활동은 어떤 활동이 있나요?

6. ○○○(학과의 학문)이란 무엇이라 생각하나요?

7. 받은 상이 많은데, 이 중에서 어떤 상이 제일 자랑스럽나요?

8. 본인이 했던 자기 주도적 학습 중에서 가장 기억에 남는 것은 무엇인가요?

9. ○학년 때 ○○과목 성적이 부진한데 그 이유는 무엇인가요?

10. 학생부를 보니 출결에서 지각과 조퇴가 많은데 그 이유는 무엇인가요?

경희대

1. ○○○학과에 지원하게 된 이유와 자신의 장점을 연결해서 말해보세요.

2. 자기소개 준비했나요?

3. 특기가 참 특이하네요. ○○○○인데 이것을 한 이유가 있나요?

4. ○○○란 꿈을 가지게 된 이유가 있나요?

5. 성적이 우상향으로 점점 성적이 좋아지는데, 특별한 계기가 있나요?

6. 리더로서 활동하면서 갈등이 생긴 경험이 있나요? 그 일을 리더로서 어떻게 중재했는지 말해주세요.

7. 우리 과에 지원하는 친구들보다 내가 차별화된 점은 무엇이라고 생각하나요?

8. 경희대가 가지고 있는 커리큘럼을 보았나요?

9. ○○○란 직업인이 가져야 할 덕목은 무엇인가요?

10. 우리 학부에 지원하기 위해 노력한 활동은 무엇이 있나요?

한국외대

1. 자기소개 짧게 30초 동안 해줄래요?

2. 대학교 생활에서 가장 중요한 것 세 가지를 꼽으라면? 그중 가장 중요한 한 가지는 무엇인가요?

3. 지원한 학과와 관련하여 자기소개를 해보세요.

4. 우리 학과 커리큘럼 봤나요?

5. 본인의 꿈에 관련된 과목을 따로 공부해본 것이 있나요?

6. 남들이 본 학생의 성격은 어떤가요?

7. ○○○란 꿈을 이루기 위해서 한국외대에서 배울 수 있는 점은 무엇인가요?

8. 최근 가장 기억에 남는 시사 이슈는 무엇인가요?

9. 10년 뒤 자신의 모습을 그린다면 어떤 모습일까요?

10. 향후 입사하고 싶은 기업은 어디인가요?

서울 시립대

1. 수시 다른 곳에 붙은 곳 있나요?

2. 만약에 서울시립대와 그 학교들이 붙으면 어떤 학교에 갈 것인가요?

3. 진로가 계속해서 바뀌었는데 이유가 무엇인가요?

4. ○○○학과에 진학하면 배우고 싶은 과목은 있나요?

5. 많은 대학 중에 시립대에 지원한 이유가 있나요?

6. ○○과목 성적이 꽤 낮은 편인데 왜 낮은지 알 수 있을까요?

7. 전공과목에 대해서 질문을 할게요. ○○○의 작동 원리를 설명해보세요.

8. 학교 활동이 많은데, 학업이랑 병행하느라 힘들지는 않았나요?

9. 본인이 리더십을 발휘한 경험에 대해서 말해보세요.

10. 독서를 많이 했는데 가장 기억에 남는 책은 무엇인가요?

동국대

1. 본인의 진로와 학과는 어떻게 연관이 있다고 생각하나요?

2. 이 ○○○○이란 책을 읽고 가장 인상깊었던 것 하나를 소개해주세요.

3. 본인이 동아리 활동에서 맡았던 일에 대해 구체적으로 설명하고 느낀 점을 말해 주세요.

4. 이 봉사 활동에서 본인이 맡았던 역할을 말해보고, 이 과정을 통해 느낀 점을 말 해주세요.

5. 자기 주도 학습을 하면서 자신의 학습 능력 향상에 노력한 경험을 말해보고, 이

를 통해 배운 점이 있다면 말해보세요.

6. 자기소개서 4번에 나와 있는 내용 ○○○에 대해서 자세히 설명해주세요.

7. 본인의 학업 계획에 대해서 말해보세요.

8. 이때까지 살면서 자신의 강점과 약점이 있다면 무엇인가요?

9. 동국대의 인재상은 무엇인지 알고 있나요? 인재상과 자신이 부합한다고 생각하나요?

숭실대

1. 숭실대학교에 지원한 동기가 어떻게 되죠?

2. 본인의 꿈에 대해서 설명해보고, 그 꿈을 설정하게 된 계기는 무엇인지 말해보세요.

3. 숭실대학교에서 본인의 꿈을 이루기에 어떤 점이 좋다고 생각하나요?

4. 꿈이 ○○○인데, 왜 ○○○가 되고 싶나요?

5. 동아리 활동을 한 것 중에 ○○○ 활동이 있는데 본인이 맡은 역할은 무엇이고, 그 역할을 잘 수행해내기 위해서 노력한 것을 말해주세요.

6. 본인이 가장 존경하는 인물에 대해서 말해주세요.

7. 본인의 장점 그리고 그 장점이 학과에 어떻게 좋게 작용할지 이야기해보세요.

8. 만약에 본인이 ○○○란 직업을 가졌는데, 그 직업이 사라진다면 본인은 어떻게 할 것인가요?

9. 친구와의 갈등을 겪었던 상황이 있으면 말해보고 어떻게 해결했는지 말해보세요.

건국대

1. 다른 학교도 ○○ 관련 학과로 지원했나요? 지원 학교 중에서 가장 붙고 싶은 학교는 어디인가요?

2. 본인이 한 봉사 활동 중 가장 기억에 남는 활동은? 그 봉사 활동을 해서 본인이 변화한 것이 있다면 어떤 것이 있나요?

3. 친구들이 평가하는 본인의 성격은 어떻다고 할 수 있나요?

4. 자신의 삶이 한 달밖에 남지 않았다면 무엇을 할 것인가요?

5. 자소서를 보면 ○○○에 관련된 실험을 진행했다고 하는데, 설명 좀 해주세요.

6. ○○○학과에 지원하게 된 동기가 무엇인가요?

7. 시간이 30초밖에 안 남았는데 마지막으로 하고 싶은 말은 무엇인가요?

8. ○○○란 직업을 진로 희망으로 정하게 된 계기가 무엇인가요?

9. 독서 기록이 상당히 적은데요. 왜 적은지 설명해주고, 전공 관련된 책은 어떤 책을 읽었는지 간단하게 소개해주세요.

숙명여대

1. 학생부에 보니 ○○○ 프로그램 활동이 있는데 어떤 프로그램인가요?

2. 마지막으로 하고 싶은 말은 무엇인가요?

3. 수학에 관련해서 실생활에 적용한 예시가 있나요?

4. 4차 산업혁명의 정의가 무엇이라고 생각하나요?

5. 우리 학과 말고도 연결할 수 있는 학과가 있을 텐데 왜 우리 학과를 선택했나요?

6. 봉사 활동으로 어떤 것을 했나요? 기억에 남는 것은 무엇인가요?

7. ○○○란 직업에서 가져야 할 자질 중 본인에게 있는 가장 큰 자질은 무엇이라고 생각하나요?

8. 다른 학교와 비교되는 숙대의 장점은 무엇이라고 생각하나요?

명지대

1. 고등학교 과정 중에 이 학과와 관련 있는 과목이 무엇이라고 생각하나요?

2. 본인이 한 봉사 활동 중 가장 기억에 남는 봉사 활동은 무엇인가요?

3. 학과와 관련된 동아리 중에서 가장 기억에 남는 것은 무엇인가요?

4. 학급 반장을 했는데, 반장을 하면서 힘들었던 경험이 있나요?

5. 성적이 조금씩 올랐는데 어떻게 공부했나요?

6. 본인이 좋아하는 과목이 있나요?

7. 꿈이 ○○○인데 가장 필요한 점이 무엇이라고 생각하나요?

8. 현재 ○○○란 직업의 문제점은 무엇인가요?

9. 1학년 때 토론 활동을 많이 했는데, 이를 통해 얻은 것은 무엇인가요?

광운대

1. 광운대학교의 자랑거리가 있다면 어떤 것이 있을까요?

2. 본인이 꿈꾸는 직업에서 존경하는 사람이 있나요?

3. 대학에 오면 가장 하고 싶은 것은 무엇인가요?

4. 고교 생활 중 가장 인상 깊었던 활동은 무엇인가요?

5. 광운대학교가 학생을 선발해야하는 이유는 무엇인가?

6. 자기소개와 지원 동기를 한꺼번에 이야기해보세요.

7. 최근에 읽은 책은 무엇인가요?

8. 다른 학교는 어떤 곳을 지원했나요?

9. 자신이 활동했던 내용 중 어필하고 싶은 것을 말해보세요.

동덕여대

1. 학교 말고 개인으로 갔던 봉사 활동은 어떤 것을 했고 어떤 역할을 맡았나요?

2. 자소서를 보니까 자신의 장점을 ○○○라고 적었는데, 단점은 무엇인가요?

3. 동덕여자대학교에서 학생을 뽑아야 하는 이유는 무엇인가요?

4. 다른 지원자와 자신의 차별점은 무엇인가요?

5. ○○○란 책을 읽었는데, 어떤 내용이었는지 말해주고 왜 인상 깊었는지 말해주세요.

6. 본인의 성격은 어떻다고 생각하나요? 그리고 친구들이 봤을 때와 내 성격의 차이는 무엇인지 말해보세요.

7. 본인이 좋아하는 분야는 어떤 것인지 말해주세요.

삼육대

1. 지원 학과에 합격하게 된다면 가장 하고 싶은 도전은 무엇인가요?
2. 학과에 들어오게 되었는데, 본인이 생각한 것과 맞지 않는다면 어떻게 할 것인가요?
3. 봉사 시간이 다른 학생들보다 적은데 그 이유는 무엇인가요?
4. 자신을 희생해서 남을 도운 경험이 있다면 말해주세요.
5. 입학 후 구체적으로 어떤 공부를 하고 어떤 진로를 가질 것인지 구체적으로 이야기해주세요.
6. 본인의 진로 ○○○에 대한 미래는 어떻게 전망하고 있나요?
7. 본인은 창의성이 있다고 생각하나요?
8. 책을 읽은 것이 많은데 전부 다 읽은 것인가요?
9. ○○○학과에 와서 지금 희망하는 꿈을 이루는데 어떤 도움이 될 것 같은가요?
10. 방과 후 활동을 많이 했을 텐데 어떤 것이 가장 기억에 많이 남나요?

상명대

1. 친구들과 함께 목표를 달성한 활동에 대해서 말해보세요.
2. 굳이 우리 학교를 지원한 이유가 있나요?
3. 존경하는 인물/롤모델이 있나요?
4. 본인의 꿈을 결정하는데 도움을 준 인물이 있나요?
5. 학생부를 보니 개근인데, 건강 관리를 착실하게 할 수 있었던 본인만의 방법이 있나요?
6. 자신의 장점과 단점에 대해서 말해주세요.
7. 학교생활 중에서 다투거나 갈등이 있었을 텐데 이를 중재하거나 해결한 경험이 있나요?
8. 진로를 변경하게 된 이유가 있나요?
9. 역사적 고전 서적 중에서 대학에 와서 읽어보고 싶은 것은 무엇이 있나요?
10. 멘토&멘티 활동을 하면서 힘들어서 후회한 적이 있나요?

서울여대

1. 수상 내역 중에 가장 뿌듯했던 것은 무엇인가요?
2. ○○○학과에 오고 싶게 된 동기는 무엇인가요?
3. 창의적 체험 활동 중에서 가장 기억에 남는 것은 무엇인가요?
4. ○○○라는 직업이 왜 하고 싶었나요?
5. 융합인재 전형으로 지원했는데 왜 플러스 인재나 바롬 인재 전형이 아닌 융합 인재 전형으로 지원했죠?
6. 질병 결석이 많은데 이유가 무엇인가요?
7. ○○○란 동아리는 무슨 활동을 하는 동아리인가요?
8. 주변에도 가까운 학교들이 많을 텐데 왜 서울여대까지 오게 되었나요?
9. 공부하는 데 어려움을 느낀 과목이 있나요?
10. 학교 활동 중 자신의 장점을 드러낼 수 있는 것을 설명해보세요.

성결대

1. 지원 동기와 향후 학업 계획에 대해서 말해보세요.
2. 자유학기제가 창의적 학습에 꼭 필요하다고 생각하는지 아니면 공부에 방해된다고 생각되는지 말해주세요.
3. 설득과 공감이란 무엇이라고 생각하는지 말해주세요.
4. 학과에 와서 배우는 것이 꿈에 어떻게 연관될까요?
5. 전공 관련 동아리에서 배운 것은 무엇인지 말해주세요.
6. 자존감을 높이기 위해서 어떻게 했나요?
7. 공부가 스트레스가 많은데, 본인만의 스트레스 해소법이 있나요?
8. 자소서에 특이한 내용이 있는데 이 내용에 대해서 자세하게 설명해주실래요?
9. ○○○란 직업을 진로 희망에 적었는데, 그중 어떤 ○○○가 되고 싶은지 말해주세요.
10. 학교에 입학하여 무엇을 하고 싶은지 말해주세요.

성공회대

1. 학과를 지원하게 된 동기 중에 학교생활이나 교외 활동에서 영향을 받은 것이 있나요?
2. 자기소개와 지원 동기를 짧게 말해주세요.
3. ○○○라는 책을 읽었는데 왜 읽었는지 말해주고, 느낀 점을 이야기해주세요.
4. 본인이 일하고 싶은 단체나 기업이 있다면 말해보세요.
5. 본인이 희망하는 직업은 영어만 잘해선 안 될 것 같은데 다른 부분은 어떻게 채울 것인가요?
6. 해외여행을 다녀온 적이 있나요? 우리나라와 어떤 점이 다르고 어떤 부분이 비슷한지 설명해주세요.
7. 학업과 관련해서 참가한 교내 활동이 있다면 말해보세요.
8. 자신의 장점을 말해주세요.
9. 가장 인상 깊게 읽은 책은 무엇이고, 본인에게 어떤 영향을 주었나요?
10. 좋아하는 과목과 싫어하는 과목을 각각 이유를 넣어서 이야기해주세요.

아주대

1. 다양한 체험 활동에서 리더 역할을 수행했는데, 본인의 리더십을 가장 잘 발휘했던 사례에 대해 말해주세요.
2. ○○○시설에서 지속적으로 봉사 활동을 해왔는데, 이 경험을 통해 자신이 성장한 점에 대해 설명해주세요.
3. ○○○ 동아리에서 ○○○○을 한 경험이 있는데, 본인의 구체적 역할에 대해 설명해주세요.
4. 진로 목표를 이루기 위해 대학에서 어떠한 노력을 하고자 하는지 설명해주세요.
5. 전공과 관련하여 ○○○라는 책을 읽었는데, 가장 인상 깊었던 부분에 대해 설명해주세요.
6. 동아리에서 ○○실험을 진행했는데, 이 실험의 원리와 과정에 대해 설명해주세요.

7. ○○○ 관련 토론대회에서 수상한 경험이 있는데, 이때 본인의 주장과 그 근거에 대해 설명해주세요.

8. 아주대학교에 대해 아는 대로 말해보세요.

안양대

1. 대학생이 되면 가장 하고 싶었던 것은 무엇인가요?

2. 자신의 성격 중 어떤 것이 가장 부족했고, 그것을 극복하기 위해서 어떤 노력을 했나요?

3. 안양대학교에서 학생을 합격시켜야 하는 이유는 무엇인가요?

4. 우리 학과에서 배우는 과목이 무엇인지 알고 있나요?

5. 친구와의 의견 충돌로 인한 갈등이 생겼을 때 어떻게 대처할 것인가요?

6. 안양대에 붙는다면 어떻게 공부해 나갈 것인가요?

7. 학교에서 자신이 다른 사람을 배려했던 경험이 있다면 무엇인가요?

8. 학과와 관련하여 읽은 책이 있다면 무엇인가요?

9. 안양대를 지원한 이유는 무엇인가요?

10. ○○○학부에 지원했는데 세부 전공을 어떤 것으로 가고 싶은가요?

인천대

1. 자소서에 보니 ○○○의 공부 방법을 사용해서 공부했다고 했는데, 왜 그 공부 방법을 생각했고 무엇을 느꼈습니까? 또한 성적은 어떻게 되었나요?

2. 자기소개서에 동아리 ○○○에 가입하여 ○○○ 실험을 하였다고 했는데 실험 방법과 결과는 어떻게 되었는지 설명해주세요.

3. 전공에 관련된 기사 및 뉴스를 스크랩했다고 했는데 혹시 기억에 남는 기사가 있다면 그 내용을 간단히 소개해보세요.

4. 본인의 꿈을 이루기 위한 본인의 노력과 관심, 실천 사례는 어떤 것들이 있나요?

5. ○○○에서 봉사 활동을 했는데, 목적은 무엇이고, 어떤 성과를 얻었고, 본인에게 어떻게 도움이 됐나요?

6. 학년마다 여러 동아리 활동을 했는데 그 이유는 무엇인가요? 여러 동아리 활동 중 지원자의 역할이 가장 중요했던 동아리 활동과 그 사례를 이야기해보세요.

7. 교내 자유주제 탐구 발표대회에 ○○○라는 주제로 참여했다고 했는데, 이 탐구 주제를 선택한 이유와 이 활동을 통해 배운 점은 무엇인지 이야기해보세요.

8. ○○○ 책을 읽었다고 되어 있는데, 책에 대해서 설명해보고 그 책에서 문제점이 무엇이고, 그것을 해결하기 위한 것은 무엇이 있는지 이야기해보세요.

9. 자신이 생각하는 공동체 의식이란 무엇이고 갈등이 생겼을 때의 해결 방법을 사례를 들어 설명해보세요.

인하대

1. 꿈을 갖게 된 동기는 무엇인지 말해주세요.

2. 전교 부회장과 같은 리더십 활동이 대학교에서 어떤 도움이 된다고 생각하나요?

3. 또래 멘토링을 3년 동안 꾸준히 했는데, 매 수업을 어떻게 준비했고 한 번에 몇 시간 정도 했나요?

4. ○○○라는 대회에서 1위를 했는데, 이 대회가 어떤 대회인지, 이에 대한 준비과정을 설명해보세요.

5. 본인의 꿈이 ○○○인데, 다른 학과에서 전문적으로 배우는 것이 맞지 않나요? 본인의 진로와 이 학과가 어떻게 맞는지 설명해주세요.

6. 상대방과 의견이 대립할 때, 어떻게 해결했는지 말해주세요.

7. 책을 많이 읽었는데, 제일 기억에 남는 책은 무엇인지 설명해주세요.

8. 자소서에 ○○○ 원리에 대해 쓰여 있는데, 그것이 무엇인지 설명해줄 수 있나요?

9. 봉사 활동을 한 것 중에서 가장 보람을 느낀 봉사 활동 하나만 이야기해주세요.

케이씨대

1. 자신이 목표를 갖고 했던 일을 이야기해주세요.

2. 지원 동기와 자신의 10년 후 모습을 이야기해주세요.

3. 학창 시절 중 도전해서 이루었던 것을 이야기해주세요.

4. 자신의 장점을 살려서 자기소개를 해보세요.

5. 학교생활 중 가장 기억에 남는 일은 무엇인가요?

6. 자신의 신앙생활에 대해서 이야기해주세요.

7. 마지막으로 하고 싶은 말은 무엇인가요?

8. 간호사가 되면 힘든 일이 많을 텐데 어떻게 할 것인가요?

9. 자기소개를 영어로 해보시겠어요?

10. 자신의 진로와 관련된 기억이 있다면 가장 기억에 남는 것은 무엇인가요?

11. 장래에 훌륭한 ○○○가 되는데 필요한 자신의 장점은 무엇인지 말해주세요.

한서대

1. 100만원이 생긴다면 무엇을 하고 싶은가요?

2. 복권에 당첨되어 10억이 생긴다면 어떤 곳에 쓸 건가요?

3. ○○○라는 동아리 활동을 했는데, 본인 동아리 자랑 좀 해주실래요?

4. 가장 친한 친구를 소개해주세요.

5. 살면서 최선의 노력을 기울인 경험은 무엇인가요?

6. 대인 관계에서 가장 중요한 가치를 세 가지만 꼽는다면 무엇이라고 생각하며 또 그렇게 생각하는 이유는 무엇인가요?

7. 꿈을 가지게 된 계기가 무엇인가요?

8. ○○○ 동아리는 무슨 동아리인가요?

9. 우리 학교에 대해 아는 대로 이야기해보세요.

협성대

1. 본인만이 가지고 있다고 생각하는 장점 한 가지를 말해보세요.

2. 혹시 아르바이트한 경험이 있나요?

3. 학교생활 중 가장 어려웠던 것은 무엇인가요? 그 상황에서는 무엇을 배웠나요?

4. 협성대에 지원한 이유는 무엇인가요?

5. 본인의 꿈과 관련된 최근 이슈는 어떤 게 있을까요?

6. 내 의견과 다른 상대방을 설득했던 사례와 그럴 때 어떻게 설득했는지 이야기해 주세요.

7. 다문화 사회가 사회에 미치는 영향은 무엇인지 말해주세요.

8. 마지막으로 하고 싶은 말이 있다면 해주세요.

9. 협성대학교에 입학해서 앞으로 향후 계획이 어떻게 되는지 말해주세요.

10. 4차 산업혁명이 도래하면 사라질 직업과 유망한 직업이 무엇인지 설명해주세요. 그렇다면 본인이 가지려는 직업의 전망은 어떻다고 생각하나요?

강남대

1. 3년 동안 교사가 꿈이었는데, 정확히 어떤 과목의 교사가 되고 싶어요?

2. 강남대학교에 지원한 동기가 있나요?

3. 성적을 꾸준히 유지했는데 교과 과정 중 노력한 것이 있나요?

4. 자신의 성격의 장점과 단점은 무엇인가요?

5. 학교생활 중 자신이 가장 열심히 한 활동은 무엇이 있나요?

6. 자신이 발전 가능성이 있다고 생각하는지, 그 이유는 무엇인지 이야기해주세요.

7. 본인이 생각하는 ○○○라는 직업에서 가장 필요한 역량은 무엇이라고 생각하나 요?

8. 혹시 성적 때문에 이 학과를 지원한 것 아닌가요?

가천대

1. 봉사 활동을 하면서 기억에 남았던 일은 뭐였어요?

2. 존경하는 사람을 부모님 빼고 말해보세요.

3. 본인의 어떤 점이 이 학과와 맞다고 생각하나요?

4. 수학 잘하나요? 우리 학과는 수학이 필수인데 잘 따라올 수 있다고 생각하시나 요?

5. 수상 기록을 보면 자기주도학습상이 많은데 자신만의 공부법이 있나요?

6. 성적이 가장 높은 과목이 무엇인가요?

7. 면접 질문에 대해서 준비를 많이 했을 텐데 가장 자신 있는 것 말해볼래요?

8. ○○○의 정의에 대해서 말해주세요.

경기대

1. 진로 관련해서 독서한 것이 있나요?

2. 진로를 위해서 노력한 점은 무엇인지 이야기해볼까요?

3. 자소서에 보니까 ○○○에 대한 발표를 했다고 되어 있는데 그 과정과 결과를 이야기해보세요.

4. 가장 좋아하는 과목과 가장 싫어하는 과목에 대해서 말해주세요.

5. ○○과목 성적이 꾸준하게 올랐는데 그 비결이 무엇인가요?

6. 친구들에게 본인은 어떤 이미지로 보이는 것 같아요?

7. ○○○에서 봉사 활동을 길게 했는데, 이 장소에서 오랫동안 봉사 활동을 한 계기와 그곳에서 느낀 점을 이야기해주세요.

8. 자신의 진로에 영향을 준 책은 무엇인가요?

9. 자신의 장단점은 무엇인지 이야기해주세요.

10. 학교생활을 하면서 다양한 탐구보고서, 논문을 작성했네요. 어떤 주제로 했고 어떻게 진행했는지 이야기해주세요.

수원대

1. 꿈에 대해 구체적인 계획을 말해보세요.

2. 학교생활 중 어려웠던 경험이 있으면 말해보세요.

3. 모둠 활동에 참여하지 않는 학생에게 해야 할 것은 무엇인가요?

4. 역사적 또는 현대적으로 리더십으로 본받을 만한 인물은 누가 있다고 생각하나요?

5. 학교나 학과에 대해 물어보고 싶은 것이 있나요?

6. 부모님과 갈등을 겪을 때는 어떻게 하나요?

7. 요즘 SNS를 많이 사용하는데 평소 자신이 사용하는 SNS를 말하고 장점을 말해 보세요.

8. 좋아하는 과목과 싫어하는 과목 그리고 그 이유들을 말해주세요.

9. 학교생활을 하면서 가장 보람을 느꼈던 순간이 있나요?

10. 친구들이 본인을 어떻게 생각하나요?

순천향대

1. 학창 시절에 본인에게 가장 기억 남는 선생님이 어떤 분인가요?

2. 본인의 인생에서 기억에 남는 것은 무엇인가요?

3. ○○○의 어떤 부분에서 가장 흥미를 느꼈나요?

4. 학교에 입학하면 가장 하고 싶은 일은 어떤 것인가요?

5. 동아리 ○○○에 들어가게 된 이유는 무엇인가요?

6. 자율 동아리 ○○○을 했는데, 다른 비슷한 동아리는 없어서 만들어서 하게 된 것인가요?

7. 이 꿈을 갖게 된 이유는 무엇인가요?

8. 친구 간의 갈등이 있을 때의 해결 방법은 무엇인가요?

9. 가장 기억에 남는 교내 대회는 무엇이 있나요?

서울교대

1. 3년 동안 했던 동아리 중에서 어떤 동아리가 가장 기억에 남았나요?

2. 친구들에게 추천해주고 싶은 책이 있나요? 그 책을 본 뒤 더 읽고 싶었던 책이 있나요?

3. 3년간 했던 봉사 활동을 몇 가지로 분류해보고, 우선순위를 매겨보세요.

4. 본인이 생각하기에 바람직한 교사상은 무엇인가요?

5. 학업이 부족한 다문화 가정의 학생을 가르칠 때 수업 시간 이외에도 학생들을 가르칠 의향이 있나요?

6. ○○○라는 책을 읽었는데 느낀 점이 있다면 무엇인가요?

7. 학생은 왜 교사가 되고 싶나요? 추가로 어떤 과목을 가르치는 교사가 되고 싶나요?

8. 다른 학교는 어디 어디 넣었나요?

경인교대

1. 1학년 때는 ○○○라는 직업이 있는데, 진로가 바뀐 이유가 무엇인가요?

2. ○○○라는 책에 대한 느낀 점을 이야기해주세요.

3. 앞에서 말했던 책 말고 다른 인상 깊었던 책은 무엇이 있나요?

4. 본인이 만약에 교사가 되었다면, 어떤 수업을 진행할 것인가요? 교과 말고 수업 방식을 이야기해주세요.

5. 본인의 장단점은 무엇이라 생각하나요?

6. 교대에 진학하기 위해서 다양한 활동을 한 것 같은데, 어떤 것이 가장 기억에 남나요?

7. 현재 교육 현실의 문제점이 무엇이라고 생각하나요?

8. 본인이 가르치는 것 말고 교사로서 남들보다 잘할 수 있는 것은 무엇인가요?

9. 취미와 특기를 소개해주세요.

공주교대

1. ○○○라는 교사가 꿈인데, 꿈을 가지게 된 계기가 있나요?

2. 학생부에 보니 ○○○과목에 적극성을 가지고 수업에 임했다고 되어 있는데, 어떻게 적극적으로 임했는지 말해주세요.

3. 4차 산업혁명 시대에 적합한 교육은 무엇이라고 생각하나요?

4. 자신의 장점과 교사로서 학생들에게 어떤 교육을 제공할 수 있다고 생각하나요?

5. 교육대학 어디 어디 넣었나요?

6. 교사라는 직업에 대해 부모님이 반대하진 않으셨나요?

7. 봉사 활동, 학교생활 등에서 교사가 되어서도 많은 영향을 끼칠 것 같은 활동은 어떤 것인지 어필해주세요.

8. 남들과는 다른 나만의 재능이 있다면 어떤 것인지 말해주세요. 그리고 교사가 되어서 어떻게 적용할 수 있는지 말해줄래요?

9. 교외 봉사 활동 중에서 가장 기억에 남는 것을 말해주세요.

10. 예체능 관련해서도 수업을 했을 텐데 어떤 것을 했는지 이야기해주세요.

광주교대

1. 만약 오늘 대기실에 같이 있는 사람 중에서 한명 붙어야 한다면, 어떤 사람이 붙어야 한다고 생각하나요?

2. 학급 임원으로서 가장 중요한 것은 무엇이라고 생각하나요?

3. 교사에게 가장 필요한 자질은 무엇인가요?

4. 성적이 매 학기 올랐는데요. 비결이 있나요?

5. 참된 교사란 어떤 교사라고 생각하나요?

6. 광주에 처음 와본 것인가요? 학교에 오는데 어렵지 않았나요?

7. 임원 활동을 많이 했는데, 이런 임원의 자리를 친구들이 무슨 이유로 뽑았다고 생각하나요?

8. 본교가 본인을 왜 뽑아야 한다고 생각해요?

9. 친구 관계에 대해서 힘들었던 점이 있다면 말해주세요.

진주교대

1. 자기소개를 하는데 자기소개, 자신의 장점을 모두 넣어서 해주세요.

2. ○(초/중/고) 등 교사가 다른 교사와 다른 점은 무엇이라고 생각하나요?

3. 진주 교대의 첫인상은 어떤가요?

4. 본인의 특기가 무엇인가요?

5. 본인은 이기적인 사람이라고 생각하나요? 아니면 이기적이지 않다고 생각하나요? 학생부 내 활동을 토대로 이야기해보세요.

6. 교실에서 학생들을 가르치다 보면 문제 행동을 일으키는 학생들이 많은데, 그런 학생들을 어떻게 지도할 것인가요?

7. 초등교사라고 하면 어떤 느낌이 드나요?

8. 지원 동기에 대해서 말해주세요.

9. 만약 친한 친구가 시험 때 부정행위를 하는 것을 보았다면, 어떻게 행동할 것인 가요?

춘천교대

1. 자신이 목표를 세우고 실천한 사례가 있다면 말해주세요.

2. 어려움에 처한 친구를 도와준 사례가 있다면 말해주세요.

3. 성적을 보니까 우상향으로 성적이 점점 올라가는데, 성적을 올린 계기나 방법이 있나요?

4. 존경하는 인물은 누구인가요?

5. 교육 봉사 활동에서 본인이 어떤 경험을 했고 느낀 점은 무엇인지 말해주세요.

6. 초등학교 교사가 되었을 때 안 좋을 만한 것은 무엇이 있다고 생각하나요?

7. 지금까지 만났던 선생님 중에서 가장 별로였던 선생님은? 이유는 무엇인가요?

8. 자신에게 가장 크게 영향을 준 사건은 무엇인가요?

9. 자신을 신뢰하는 친구가 있나요? 있다면 계기를 말해보세요.

10. 다른 나라의 교육 방식을 우리나라에 적용한다면, 어떤 교육 방식을 적용하고 싶은가요?

대구교대

1. 학급 임원 활동을 많이 했는데, 기억에 남는 활동과 느낀 점을 말해주세요.

2. 상을 많이 수상했는데, 어떻게 이렇게 많이 받았는지 본인만의 비결을 이야기해 주세요.

3. 학생부를 보니 매우 예의 바르다는 말이 자주 나오는데, 이 부분에 대해서 구체 적으로 말해줄래요?

4. 학생이 생각하기에 훌륭한 교사는 어떤 교사라고 생각하나요?

5. ○○○라는 책과 ○○○라는 책의 관점의 차이는 무엇이라고 생각하는지 말해

주세요.

6. 본인이 받았던 입시 교육의 단점이 있다면 무엇이라고 생각하나요?

7. 교사를 꿈꾸는 학생답게 복지관이나 다문화 센터에서 교육에 관련된 봉사를 진행했네요. 어떤 활동을 주로 했는지 말해주세요.

8. 자기주도적 학습 방법에 ○○○라는 방법이 있는데, 자세히 설명해줄래요?

9. 자신의 자기주도적 학습 방법이 가장 효과적이었던 과목은 무엇인가요?

10. 토론에 관련된 활동이 적혀 있는데, 가장 기억에 남는 논제가 있나요?

청주교대

1. 요즘 학생들 사이에 ○포자(수/영 등)라는 말이 유행하는데, 본인은 포기한 과목이 있나요? 다른 학생들은 왜 포기를 하는 과목이 생긴다고 생각하는지 말해보고, 이를 해결하기 위해서는 어떤 방법이 필요하다고 생각하는지 말해보세요

2. UFO, 산타클로스 등이 있냐고 묻는 학생에게 본인은 어떻게 말해줄 것인가요?

3. 자신의 꿈을 확고하게 만들어준 책이나 인물이 있나요?

4. 다른 친구들보다 교육 봉사 시간이 적은데 특별한 이유가 있나요?

5. 본인이 읽었던 책에서 가장 인상 깊은 책이 있다면? 그리고 거기서 생각나는 구절이 있다면 이야기해주세요.

6. 학생이 가지고 있는 힘들었던 경험과 그 힘든 과정을 어떻게 극복했는지 말해주세요.

7. 진로가 많이 바뀌었는데, 교사를 꿈꾸기 전과 ○○○라는 직업과 어떤 관련이 있다고 생각하나요?

8. 학생이 읽은 책에서 자신과 동질감을 느끼거나 비슷하다고 생각한 등장인물이 있나요? 어떤 책인가요?

부산교대

1. 학교생활 중 '협력'을 보여줄 수 있는 사례가 있나요?

2. 자신이 그냥 가지고 살아오던 좌우명 또는 신념이 있는지 말해주세요.

3. ○○교사로서의 자질이나 장점이 있으면 말해보세요.

4. 4차 산업혁명 시대에 교사는 어떻게 아이들을 지도해야 할까요?

5. 꿈이 ○○○직종에서 교사로 바뀌었는데 이유가 있나요?

6. 본인은 어떤 교사가 되고 싶나요?

7. 공부를 못하는 학생이 있다면, 이 학생은 어떻게 지도를 해야 한다고 생각하나요?

8. 자신의 교사로서의 장단점을 구체적 예시와 함께 말해주겠어요?

9. 수업에 불만이 있고 참여하지 않는 학생들을 지도하는 방법은 무엇이 있을까요?

기타 질문

1. 가장 좋아하는 사람과 가장 싫어하는 사람의 유형은?

2. 타인을 평가할 때 중요하게 생각하는 요소는 무엇인가요?

3. 사회적 통념에 도전해본 경험이 있나요?

4. 최근에 남을 배려한 행동이 있나요?

5. 싫어하는 친구와 한 팀이 되어 프로젝트를 해야 한다면 어떻게 할 것인가요?

6. ○○○책을 읽고 실천한 사례가 있다면 말해주세요.

7. 고교생활 중 이뤄낸 최고의 성과는 무엇이라 생각하나요?

8. 학교생활 중 가장 성실하게 지속적으로 한 것은 무엇인가요?

9. 우리나라 고등학생들이 올바른 인성을 함양하기 위해 개인적, 사회적으로 어떤 노력이 필요할까요?

10. 자신은 어떤 잠재력이 있다고 생각하나요?

11. 고교생활 중 가장 자랑스럽다고 생각하는 점과 후회하는 점은 무엇인가요?

12. 멘티에게 알려주고 싶은 학습 방법이 있나요?

13. 자신이 생각하는 리더십이란 무엇인가요?

14. 삶에서 가장 중요하다고 생각하는 가치는 무엇인가요?

15. 한국 사회에서 대학생이 가장 중요하게 추구해야 할 사회적 역할은 무엇이라 생각하나요?

16. 입학 후 키우고 싶은 세 가지 능력은 무엇인가요?

17. 자신에게 가장 즐거움을 주었던 문화 콘텐츠는 무엇이었나요?

18. 대학생이 되어 이 학과를 지원하는 학생에게 조언을 해준다면?

19. 학교나 학급을 위해 기여한 일이 있나요?

20. 대학생활을 성공적으로 하기 위해 필요한 2가지는 무엇이라 생각하나요?

21. 자신의 전공 분야와 관련된 관심 있는 최신 사회적 이슈는 무엇인가요?

22. 전공과 관련해 어떤 학문과 융합할 수 있을 것이라고 생각하나요?

23. 인공지능의 발달로 새로운 직업이 생겨나는데, 본인이 준비해야 할 것은 무엇이라 생각하나요?

24. 진정한 나눔과 배려는 무엇이라 생각하나요?

25. 전공에 대한 학습 목표를 학년별로 세워본다면?

26. 지금까지 사귄 친구 중 가장 친한 친구를 소개해보세요.

27. 인간관계에서 가장 중요한 것은 무엇이라고 생각하나요?

28. 고교 때 성적과 관계없이 가장 좋아했던 과목과 싫어했던 과목은 무엇인가요?

29. 대학에 입학 후 가장 하고 싶은 것은 무엇인가요?

30. 자신을 한 단어로 말한다면?

대입 면접이 쉬워지는
스피치 공식

초판 1쇄 발행 2021년 07월 20일
초판 2쇄 발행 2022년 08월 17일

지은이 최윤정
펴낸이 류태연

편집 렛츠북 편집팀 | **표지디자인** 김민지 | **내지디자인** 조언수 | **마케팅** 이재영

펴낸곳 렛츠북
주소 서울시 마포구 양화로11길 42, 3층(서교동)
등록 2015년 05월 15일 제2018-000065호
전화 070-4786-4823 | **팩스** 070-7610-2823
이메일 letsbook2@naver.com | **홈페이지** http://www.letsbook21.co.kr
블로그 https://blog.naver.com/letsbook2 | **인스타그램** @letsbook2

ISBN 979-11-6054-469-5 13370